O MANUAL
DO COWORKING

Tradução: Fabio Gatts
Design da capa: Pascal van Den Driessche
Design e Layout: L'autobus
Ilustração: Alex Kores
Edição: Serendipity Accelerator TM

ISBN: 978-2-9601818-4-5

O MANUAL DO COWORKING

O GUIA PARA DONOS E GESTORES

Aprenda como criar e gerir
um espaço de coworking
de sucesso

Ramón Suárez

Sumário

Sobre o autor 11

   Ramon Suarez 11

      Betacowork 12

   Colaborador 12

      Jaime Aranda 12

      workINcompany 13

Sobre a versão brasileira 15

   Obrigado 15

      Fabio Gatts 15

      Tribo Coworking 16

Você conhece o Coworking Brasil? 17

Como utilizar este livro 19

Prefácio 21

Introdução **25**

   A ascensão da economia compartilhada e da colaboração 26

   A origem e o crescimento do coworking 27

   Tipos de espaços de trabalho colaborativos 28

      Espaços de coworking 29

      Coworking ou co-working 31

      Escritórios compartilhados 31

      Networked offices 32

      Hacker & Maker Spaces 32

      Aceleradoras 33

      Incubadoras 33

      Bares e cafés 34

Comunidade **35**

   O que é uma comunidade? 36

   O valor de uma comunidade 38

Crie, desenvolva e cultive a sua comunidade 40

    Inicie a sua comunidade 40

    Eventos 40

    Seu papel como um gestor de comunidade 43

    Criando e fortalecendo conexões 44

    Como lidar com o conflito 47

Marketing e vendas: promovendo o seu espaço
e conseguindo novos clientes **49**

    Qual é o seu objetivo? 51

    Quem é o seu cliente? O mercado 53

    A competição 53

    Foco 55

    Quem é você? Sua marca 56

    Influência 57

    Se coloque no lugar deles 59

    Do primeiro contato à conversão 60

    Você está construindo relacionamentos com humanos 63

    Lidando com jornalistas e pessoas influentes 64

    Apenas faça (não busque a perfeição) 66

    Comece agora 67

    Avaliações e diretórios 68

    O lado de negócio e marketing da comunidade 70

    Relevância, linguagem e palavras-chave 71

    Onde você pode achar conteúdo? 72

    Marketing cruzado 74

    Agradecimento e recompensa 75

    Comunicação interna 75

    Eventos como ferramenta de marketing 76

    Como escrever 77

    Seu site 79

        Configurando o seu site 79

        O nome de domínio 80

Sumário

Conteúdo 81

Blog 85

Mídias sociais 88

    Twitter 89

    Facebook 91

    Foursquare 93

    Outras redes 93

    Mídias sociais 94

E-mail marketing 94

SEO – Search Engine Optimization 96

Publicidade 98

Precificação 98

Concluindo as vendas 101

Recebendo 102

Ferramentas 103

Espaço **105**

Localização 107

    Estudo de caso: workINcompany e a Páscoa em Sevilha 108

Tamanho 109

    Quanto espaço uma estação individual ocupa? 110

    Cálculo do tamanho mínimo do espaço 110

    Tamanho do salão de eventos 113

Distribuição do espaço 113

    Utilização 116

        Coworking 116

        Reuniões 118

        Comida e bebida 119

    Ruído 121

    Conforto 123

    Companhia 124

    Privacidade 125

Móveis 128

Acesso e segurança 129

Limpeza 132

Internet 133

Impressão e scanner 135

Café, chá, petiscos 136

Finanças do coworking: como ser lucrativo **139**

Um espaço de coworking pode ser lucrativo? 140

Um espaço de coworking deve ser lucrativo? 141

Mas eu sou uma organização sem fins lucrativos! 141

Planejamento e previsão 142

Modelo de negócios 144

Modelo de negócio Canvas do coworking 146

Tamanho otimizado 148

Pontos-chave financeiros para prestar atenção 149

Break even (Ponto de equilíbrio) 149

Receitas e despesas 150

Custos fixos *versus* custos variáveis 150

Principais fontes de receita e despesa 152

Receita 152

Despesas 154

Preço e planos de coworking 155

Planos fixos *versus* planos flexíveis 156

Se pague 160

Marketing 160

Dinheiro é o imperador do seu universo 162

Declarações financeiras 162

Jargões financeiros 163

Arrume um contador 165

Legal: coworking e a lei **167**

Consiga consultoria legal profissional se puder 169

Aprenda e se prepare 170

Contratos e acordos comuns de coworking 171

Sumário

Coloque no papel 174

Simplifique 175

Não deixe isto te atrapalhar 175

Que estrutura societária eu devo usar para a minha empresa? 176

Listas e ajudas **179**

Modelo de planilhas de investidores 181

Modelo de planilha de jornalistas e pessoas influentes 183

Vantagens do coworking 184

Desvantagens do coworking 185

Estrutura básica do site 187

Escolhendo uma nova localização 190

Escolhendo um advogado 193

Contrato de aluguel 194

Pontos a se considerar quando estiver projetando espaço 196

Eventos 197

Antes do evento 197

Durante o evento 198

Após o evento 198

Questões para contratação e estagiários 198

Pesquisas 200

Pesquisa de saída 200

Pesquisa de diária gratuita 200

Pesquisa com membros 200

Pesquisa de eventos 201

Epílogo **203**

Sobre o autor

RAMON SUAREZ

Ramon[1] é o fundador do Betacowork, um próspero espaço de coworking em Bruxelas com mais de 200 membros.

Como empreendedor e profissional de marketing, Ramon é muito ativo ao promover e aumentar o cenário de startups de tecnologia na Bélgica, por meio do seu espaço de coworking, e como membro da diretoria do Startups.be[2], entre outras iniciativas. Ele pode ser encontrado nas principais conferências globais de coworking[3] ajudando os outros a construir espaços de coworking de sucesso. Ramon também é membro fundador e presidente do European Coworking Assembly[4] e fundou o Coworking Belgium.

---

1. Para entrar em contato e me conhecer melhor: Perfil do Linkedin http://www.linkedin.com/in/ramonsuarez; @ramonsuarez no Twitter: https://twitter.com/ramonsuarez; Google+: https://plus.google.com/103579379127741318104/posts; e meu blog pessoal: http://ramonsuarez.com.
2. A parada obrigatória para as startups: http://startups.be
3. Não perca as próximas edições da Coworking Europe Conference http://coworkingeurope.net e o Global Coworking Unconference Conference (GCUC) http://gcuc.co, e se informe sobre os congressos/conferências acontecendo no seu país ou em locais próximos. Estes são os melhores locais para aprender sobre Coworking.
4. Você pode encontrar a Associação Europeia dos Espaços de Coworking em http://coworkingassembly.eu/

Betacowork

O Betacowork[5] é o principal espaço de coworking de Bruxelas e um dos espaços de referência na Europa. Cresceu rapidamente para acomodar 200 coworkers e os planos estão em movimento para expandir além da sua localização atual. Desde o início tinha um foco no ecossistema de startups de tecnologia em Bruxelas, mas sempre aberto para outras experiências e perfis profissionais para aumentar a criatividade e a serendipidade.

O espaço de coworking Betacowork nasceu no dia da primeira Conferência Europeia de Coworking: 19 de novembro de 2010, em Bruxelas. Foi então chamado de Betagroup Coworking.

COLABORADOR

Jaime Aranda

Jaime[6] é o co-fundador do workINcompany, em Sevilha, Espanha. Arquiteto de formação, ele sabe perfeitamente que um espaço de coworking não é um espaço: ele é construído baseado nas interações de seus membros, de sua comunidade. workINcompany conseguiu crescer e criar um rico ecossistema de profissionais com desejo de mudar sua cidade e o mundo. Jaime também organizou o maior espaço de coworking pop-up na Espanha.

---

5. Mais informações e dicas do Betacowork Coworking Bruxelas em: http://www.betacowork.com
6. Jaime pode ser encontrado no LinkedIn: http://www.linkedin.com/in/jaimearandaserralbo; no Twitter como @jaimearanda: https://twitter.com/jaimearanda; e eventualmente em seu blog: http://www.jaimearanda.com.

workINcompany

O workINcompany[7] é o espaço de coworking pioneiro na Andaluzia. Foi criado por Jaime Aranda e Alberto Perez Sola em setembro de 2011. E o workINcompany também é um dos principais organizadores dos encontros e eventos que criam e promovem uma gama de comunidades colaborativas profissionais para freelancers e empreendedores em Sevilha.

---

7. Saiba mais sobre o workINcompany em: http://workincompany.com

Sobre a versão brasileira

OBRIGADO

Nosso agradecimento aos 41 apoiadores do Manual do Coworking. Sem eles, este manual traduzido para português não sairia do papel. Agradecemos também todos que ajudaram divulgando a campanha de Crowdfunding.

Um agradecimento especial ao Ramon Suarez, que acreditou na importância do projeto e cedeu o livro para ser traduzido.

Fabio Gatts

Fabio[8] é um dos fundadores da Tribo Coworking, um espaço de Coworking localizado em Copacabana – Rio de Janeiro. Formado em Marketing pela ESPM, trabalhou em empresas de diversos ramos, como Vale e Unimed. Conheceu o conceito de Coworking através de sua sócia, Camila Meirelles, e então decidiu empreender neste ramo.

No processo de criação do espaço da Tribo, conheceu o livro "The Coworking Handbook", de Ramon Suarez, que o auxiliou muito no processo. Após a inauguração, Fabio começou a receber pessoas na Tribo interessadas em dicas para criarem um espaço de Coworking em suas cidades. Então, ele teve a ideia de entrar em

---

8. Para entrar em contato e me conhecer melhor: http://www.linkedin.com/in/fabiogatts.

contato com Ramon e pedir para traduzir o livro para português. Assim surgiu "O Manual do Coworking".

Tribo Coworking

A Tribo Coworking[9] é o primeiro e único espaço de Coworking de Copacabana – Rio de Janeiro. Fundada em agosto de 2014, tem clientes dos mais diversos ramos de atividades, desde startups até advogados, passando por ONGs, profissionais de marketing, assessores de imprensa, tradutores, programadores, etc., além dos estrangeiros, que visitam a cidade, se hospedam em Copacabana e trabalham na Tribo.

Com mais de 20 estações de trabalho, salas de reunião, espaço para refeições e área de relaxamento com TV a cabo, mini biblioteca e PlayStation 4, tem toda a infraestrutura necessária para os empreendedores desenvolverem o seu trabalho.

O objetivo da Tribo é proporcionar aos clientes um ambiente que estimule a criatividade e a interação, permitindo que os coworkers possam focar no seu trabalho e ainda praticar networking.

---

9. Para conhecer a Tribo Coworking: http://tribocoworking.com.br; www.facebook.com/tribocoworking; www.twitter.com/tribocoworking (@tribocoworking); http://instagram.com/tribocoworking (@tribocoworking)

Você conhece o Coworking Brasil?

Quando descobri o conceito de coworking – durante o ano de 2010 – e comecei a estudar sobre como construir um espaço desse tipo na minha região, encontrar informações sobre o assunto era bastante difícil.

Existia um número muito limitado de artigos disponíveis na internet que serviam de referência para todos os que se aventuravam nesse mundo. A grande maioria relacionada ao mercado americano e ao europeu.

Na verdade, naquela época, pouca gente realmente sabia o que estava fazendo. A maioria dos founders ao redor do mundo estava aprendendo o que era e como funcionava o coworking.

No Brasil, as nossas fontes de informação se limitavam a grupos de discussão e fóruns, criados e mantidos por quem já tinha um espaço. Grupos que, apesar de terem suas restrições, ajudaram a construir a base do que é o mercado de coworking brasileiro hoje.

Falo tudo isso para você perceber que neste momento tem em mãos uma daquelas obras que a gente pensa: "Ah, se existisse no meu tempo!". Este é um guia de dicas, ideias e conceitos que vai ajudá-lo a construir uma comunidade, em vez de um rodízio de cadeiras. E você precisa entender por que isso é importante o quanto antes.

Como não existia esse tipo de material lá atrás, ainda em 2012 um grupo dos principais (na época quase os únicos) empreendedores em coworking do país se reuniu e ajudou a criar o que hoje é uma das nossas principais referências no assunto em português: o projeto Coworking Brasil. Um espaço para reunir informações tanto para quem administra uma empresa de coworking como para quem busca seu espaço para trabalhar.

É por meio desse projeto que acompanho o crescimento fantástico de uma rede de colaboração mútua no nosso mercado. Dos poucos mais de 10 coworkings existentes em 2010, hoje pulamos para quase 400. E muito em breve serão 1.000 espaços ao redor do país.

O Coworking Brasil existe para conectar todos esses espaços com profissionais, empresas e empreendedores que desejam fazer parte de uma comunidade.

Convido você a conhecer e participar: www.coworkingbrasil.org.

Grande abraço,

Fernando Aguirre
Cofundador do Coworking Brasil

Como utilizar este livro

Dependendo das suas necessidades e do estágio de desenvolvimento do seu projeto, você deve ler o que acha que é realmente necessário. Não se sinta obrigado a ler o livro inteiro, mas se você está iniciando no mercado de coworking, uma boa ideia é começar do início, pois o livro irá ajudá-lo a estruturar o seu pensamento e tornará todo o processo de desenvolvimento mais fácil para você.

Existem checklists e outros recursos para ajudá-lo a seguir com o seu negócio no fim do livro. Cópias atualizadas para impressão estão disponíveis em http://coworkinghandbook.com/checklists. Recursos adicionais e links estão compartilhados em notas de rodapé pelos capítulos.

Para discutir e incrementar o conteúdo deste livro, compartilhar mais recursos e ficar atualizado, assine a newsletter[10], siga-nos no Twitter[11] e Facebook[12], inscreva-se no nosso RSS[13] do blog e acesse o website: http://coworkinghandbook.com (conteúdo em inglês).

---

10. Insira o seu e-mail aqui para receber as notícias e acesso a conteúdos exclusivos antes de todo mundo: http://coworkinghandbook.com/newsletter
11. Siga @cohandbook no Twitter: https://twitter.com/cohandbook.
12. Clique no link para mais dicas e conteúdos: https://www.facebook.com/CoworkingHandbook.
13. O RSS do blog pode ser encontrado em: http://coworkinghandbook.com/feed/

Prefácio

Eu tenho ótimas notícias para você: se você está lendo este livro neste momento, então você tem uma chance de fazer parte de um movimento que está mudando para sempre a relação do mundo com o trabalho.

As estruturas que construímos para atender às necessidades de uma força de trabalho industrial, hierárquica, em tempo integral e centrada na figura do chefe estão cada vez mais sendo, digamos, do século passado. Sair de casa para trabalhar em um cubículo, para realizar um trabalho para um chefe em uma empresa por décadas a fio era considerada uma forma perfeitamente normal e digna de se fazer as coisas. Este não o caso atualmente.

A realidade é que aquelas estruturas nos trouxeram a este ponto, mas não nos levarão para onde estamos indo. Agora, seja por escolha ou necessidade, mais e mais pessoas estão abandonando seus trabalhos tradicionais para seguirem por conta própria. Enquanto isto possa parecer o paraíso para o cansado "morador do cubículo", qualquer um que passou tempo o suficiente do outro lado sabe que, por mais que ter liberdade total pareça ótimo, também tem um preço. Trabalhar sozinho pode ser exaustivo. Isolado. Duro. Solitário.

A nova força de trabalho não tem os sistemas de apoio que os trabalhadores tradicionais aproveitam. Quando você está trabalhando por conta própria, você tem que descobrir tudo sozinho. Isso é muita coisa. Como podemos esperar que todos cuidem de tudo por si só?

As respostas para estas questões estão começando a surgir. Nós estamos começando a descobrir como construir novos sistemas que suportem as necessidades de um grupo crescente de pessoas que estão no comando de si próprias, mas que também querem um senso de estrutura e apoio.

Coworking é uma das primeiras e mais importantes criações destes novos sistemas. Proporciona a oportunidade de sair de casa e estar com outras pessoas com quem nos identificamos. Fornece um senso rudimentar de estrutura e prestação de contas. Oferece a sensação de ser parte de algo. Nos dá a chance de colaborar e tentar coisas novas juntos, de maneiras que não seriam possíveis se estivéssemos por conta própria.

Desde sua moderna concepção em 2005, o conceito de coworking tem crescido de uma forma impressionantemente rápida, de um movimento nascente até uma indústria cada vez mais estabelecida, aparentemente da noite pro dia. Está ficando muito grande, muito rápido, mas também é muito jovem. Ainda tem um longo caminho. Você pode ajudar a moldar o que o coworking vai se tornar.

Neste livro, Ramon mostra tudo o que você precisa para começar e gerenciar o seu próprio espaço de coworking. O livro é recheado de dicas para toda parte do processo, extraídas de experiências reais, dele e de outras pessoas. Lendo este livro, você pode evitar erros que outros cometeram e aproveitar grandes ideias que já foram descobertas.

Isto cria mais espaço para você levar o conceito adiante – para focar em descobrir como fazer algo mais profundo, algo a mais, algo melhor.

Você está lendo este livro agora, então você já é parte do movimento. Como nós vamos trabalhar e viver no futuro será moldado por pessoas como você – pelo exemplo que você dá e pela cultura que você alimenta. Ler este livro vai equipá-lo com tudo o que você precisa. O que você vai fazer com isso – e que significado você dará a isto – é com você.

Não seja tímido. Não se limite. Construa o mundo no qual você quer viver.

Vive le coworking!

Tony Bacigalupo *é co-fundador e prefeito do New Work City, um espaço de coworking em Nova Iorque. Tony tem sido um organizador ativo de comunidades de coworking em NY desde 2007 e tem conversado, escrito e aconselhado outros organizadores de coworking desde então. Ele é co-autor de "I'm Outta Here: How coworking is making the office obsolete" e é membro da diretoria do NY Tech Meetup. Saiba mais em* http://nwc.com *e* http://meetup.com/coworking-nyc.

Introdução

Meu objetivo ao escrever este livro foi de compartilhar o conhecimento da minha própria experiência e das trocas com outros gestores e fundadores para criar um guia útil e prático para ajuda-lo a criar e gerenciar um espaço de coworking, desde a concepção até a implementação.

O Manual do Coworking foca na criação e no gerenciamento de espaços de coworking, mas os aprendizados e processos compartilhados podem se estender para outras estruturas formais e informais como Hackerspaces, FabLabs, aceleradoras etc.

Como este é um guia para empreendedores e gestores ocupados, eu tentei me manter o mais "direto ao ponto" possível. Então, vamos começar!

A ASCENSÃO DA ECONOMIA COMPARTILHADA E DA COLABORAÇÃO

A colaboração e o compartilhamento estão crescendo à nossa volta, em parte devido às possibilidades criadas pelas novas tecnologias e em parte devido às mudanças nas estruturas corporativas e de trabalho atuais. Empresas estão ficando menores, mas ao mesmo tempo mais produtivas e competitivas: elas precisam de menos espaço e recursos para ter um alcance global. O número de trabalhadores independentes e freelancers está crescendo, seja porque eles querem controlar seus destinos profissionais ou porque o mercado de trabalho os pressionou a criarem seus próprios empregos.

As pessoas estão transformando seus locais de trabalho dentro de suas empresas em espaços mais colaborativos e ainda rompendo barreiras se juntando a outras empresas, em um esforço não apenas para reduzir despesas, mas para criar um espaço de trabalho mais dinâmico, criativo e alegre.

Nós descobrimos novas e novas oportunidades de ter uma vida melhor graças à colaboração, tanto na área profissional quanto na pessoal. Graças a isto, muitas pessoas estão descobrindo e criando seus ambientes de trabalho ideal e trabalhando por conta própria – sem estarem sozinhas.

O coworking se provou como um ótimo recurso para freelancers, autônomos e pequenas empresas. Tem melhorado a vida profissional e pessoal de milhares de pessoas ao redor do mundo, integrando-as em redes profissionais que melhoraram seus negócios e seus conhecimentos.

A ORIGEM E O CRESCIMENTO DO COWORKING

O coworking não é antigo – espaços colaborativos e dinâmicas colaborativas são.

Algumas pessoas podem ter trabalhado em um espaço compartilhado anteriormente, mas o termo coworking não havia sido adotado até Brad Neuberg utilizá-lo pela primeira vez em 2005, quando ele criou um espaço para desenvolvedores[14]. Desde então tem crescido de forma exponencial, basicamente dobrando a

---

14. Aqui está a publicação original de Brad que lançou oficialmente o que hoje conhecemos como coworking: http://codinginparadise.org/weblog/2005/08/coworking- community-for-developers-who.htm

quantidade de espaços pelo mundo todo a cada ano, de acordo com a pesquisa anual global da *Deskmag*[15].

Esta é uma moda que irá passar? Não. A palavra coworking é utilizada amplamente, mas devemos ter em mente que atende a uma necessidade muito mais profunda. As estruturas de trabalho em nossa cidade estão mudando e com elas estão mudando também as necessidades dos trabalhadores, autônomos, freelancers e empreendedores. Coworking atende a estas mudanças fundamentais e continuará crescendo em cidades ao redor do mundo.

O futuro do coworking não está definido – você, como gestor, irá definí-lo, mudá-lo, melhorá-lo. Há uma demanda por espaços de coworking neste momento, e continuará por alguns anos, mas as possibilidades de crescimento são enormes. Novos modelos de receita estão sendo testados para melhorar o modelo de negócios dos espaços de coworking e estas mudanças também vão alterar o que pensamos sobre coworking.

O futuro é brilhante para os espaços de coworking – e você está construindo este futuro.

TIPOS DE ESPAÇOS DE TRABALHO COLABORATIVOS

A seguir apresentamos uma lista dos espaços de trabalho colaborativos mais comuns que você vai encontrar. Existem muitas

---

15. Deskmag é a principal publicação online sobre Coworking. Os resultados da pesquisa de 2012 estão em: http://www.deskmag.com/en/1s-t-results-of-the-3rd-global-coworking-survey-2012. Você pode encontrar as pesquisas de outros anos no site deles.

definições e nuances possíveis, e mais tipos de espaço, mas reunimos a seguir os mais relevantes.

Espaços de coworking

As características que definem espaços de coworking são seus facilitadores e suas comunidades de coworkers. Espaços de coworking são criados para a comunidade e com a comunidade. Não é apenas um negócio imobiliário onde um espaço físico é alugado: o papel do facilitador (ou anfitrião, líder ou qualquer outro termo que você queira usar) é de aprimorar as conexões e interações dos coworkers para agregar valor e ativamente acelerar a serendipidade. É uma rede, não um local. Não basta colocar várias pessoas juntas em uma sala: você precisa trabalhar duro para criar as interações certas que formam a sensação de comunidade.

O que é isso de acelerar a serendipidade? O que é serendipidade e como você pode acelerá-la? Serendipidade é a descoberta ao acaso de algo bom ou útil que você não estava procurando.

Por exemplo: você está conversando com a pessoa ao seu lado na academia sobre um esporte. Você está lá somente para se exercitar, mas você acaba tendo esta conversa sem buscar por ela. Você acaba conversando sobre a sua startup e aquela pessoa te coloca em contato com um amigo que pode vir a ser o seu primeiro cliente. Você não sabia que aquela pessoa estava conectava àquele cliente potencial, o assunto surgiu na conversa. Você ganhou um novo possível cliente e a outra pessoa conectou o(a) amigo(a) ao um possível contato de negócios.

Serendipidade – sendo um acidente, algo que acontece ao acaso – não pode ser organizada como uma receita ou um roteiro, mas se nós desenvolvermos um emaranhado de ações, processos e reflexos, isso ajudará a aumentar as chances de serendipidade. Nós podemos criar ambiente, atitudes e sistemas propícios para que isto aconteça com mais frequência.

Mas nem tudo pode contar com sorte e serendipidade. Os gestores dos espaços de coworking conhecem suas comunidades melhor e tem mais conexões, e estão sempre aprendendo com elas. Faz parte do trabalho deles ajudar a conectar pessoas, construir confiança e reduzir ruídos (para facilitar a conexão), fazendo com que mais trocas possam acontecer de forma mais fácil. Eles são aqueles que valorizam as necessidades e personalidades dos coworkers para sugerir as melhores combinações.

O foco do coworking está na sua comunidade, então os espaços tem todos os tamanhos e formatos: trabalhadores de somente um ramo, de vários ramos, mesas fixas, mesas compartilhadas, pré-aprovação de membros, inscrição direta, espaços de coworking temporários, espaços mais direcionados para negócios, ou mais descolados, ou mais industriais... O design do espaço não é tão importante – o que importa são as pessoas que o povoam e suas interações. Isto é o que constrói ou destrói um espaço de coworking.

Você vai achar a palavra "coworking" utilizada em vários tipos de espaços, mas não se engane: muitos deles oferecem nada mais do que mesas compartilhadas e tratam o coworker como um cliente de "segunda linha". Um espaço aberto é apenas isso: um espaço aberto. É a configuração de uma sala, não engloba nada mais.

Para saber se você está em um espaço de coworking de verdade ou não, verifique se os gestores do espaço fazem algo para acelerar e dinamizar a comunidade. Coworking é um verbo, engloba ação dos gestores de coworking para construir uma comunidade. Se tudo que eles oferecem são serviços secretariais compartilhados, eles não são espaços de coworking.

Coworking ou co-working

Você também pode encontrar pessoas usando co-working com um hífen. É um jeito fácil de perceber que alguém não entende que um coworker (um membro de um espaço de coworking) não é o mesmo que um co-worker (alguém que trabalha para a mesma empresa ou no mesmo escritório). Mais comum, esta pessoa provavelmente está sendo guiada de forma errônea pelo autocorretor do Word ou está soletrando errado. Além disso, hífens não funcionam para hashtags nas mídias sociais.

Quando estiver falando sobre espaços de coworking, não use hífen; quando estiver falando sobre pessoas que trabalham no mesmo negócio, use o hífen[16].

Para os nossos objetivos: esqueça o hífen[17]!

Escritórios compartilhados

Um escritório compartilhado é uma forma colaborativa de compartilhamento e consumo, mas não é um espaço de coworking (o que não é uma coisa ruim, é só diferente). Não tem ninguém

---

16. Tem um artigo interessante no site da DeskMag: http://www.deskmag.com/en/coworking-or-co-working-with-hyphen-252. Eu também escrevi algo baseado nas palavras que são mais utilizadas quando pesquisamos no Google: http://www.betacowork.com/coworking-vs-shared-office- vs-business-center-who-beats-who
17. Resposta direta e objetiva: http://doescoworkinghaveahyphen.com

designado a ativar as conexões entre as pessoas que trabalham no escritório, é mais um acordo para reduzir despesas e, em alguns casos, ficar rodeado pelos seus amigos. É como dividir um apartamento.

A vantagem é que você não está trabalhando sozinho e você tem um ambiente mais profissional. As desvantagens comparadas ao coworking são que o tamanho da rede de contatos é muito limitada e estática e que ninguém é contratado para tentar ativamente melhorar as vidas dos "compartilhadores do espaço" (apesar que pequenos grupos podem ser mais interativos na medida em que as pessoas passam a se conhecer melhor.

Networked offices

Algumas empresas (como meus amigos da Rue du Web[18] na Bélgica) decidiram derrubar as paredes e compartilhar o espaço com outras pessoas e empresas. Eles misturam pessoas de diferentes empresas nas salas disponíveis e realizam vários eventos juntos para promover a cultura comum. Eles são como escritórios compartilhados melhorados, na medida em que fazer um esforço consciente para construir uma comunidade e fortalecer as conexões entre eles. Eles não são exatamente espaços de coworking, mas chegam perto.

Hacker & Maker Spaces

Hacker Spaces e Maker Spaces (como FabLab) reúnem pessoas com um interesse em comum de fazer coisas e compartilhar

---

18. Rue du Web é um espaço de trabalho colaborativo para empresas: http://rueduweb.be

conhecimento. São ótimos locais para aprender e realizar projetos, mas não são tão bons para trabalhar profissionalmente. As pessoas utilizam muito os Maker Labs para ter acesso a máquinas para seus projetos e protótipos, mas não frequentam o espaço das 9h às 17h como os gestores. Eles frequentam mais como um hobby.

Eles são pólos incríveis de criatividade, conhecimento e aprendizado, mas são mais utilizados durante o tempo livre ou para tarefas bem específicas.

Aceleradoras

Aceleradoras podem ser espaços de coworking temporários para equipes. Eles geralmente unem 6 a 10 times que trabalham muito intensamente em seus projetos por 2 a 6 meses.

As equipes trabalham para melhorar suas startups. Mas depois que a startup realiza o pitch final, eles geralmente deixam o espaço para outras equipes e têm que procurar um novo local de trabalho.

O ponto negativo é que todos esses relacionamentos e interações diários são repentinamente cortados. A melhor opção para eles é ir pra um espaço de coworking, mas as equipes devem ter cuidado para não reduzir as interações apenas às pessoas que já conhecem.

Incubadoras

O termo "incubadora" geralmente se refere a negócios associados à universidades, instituições públicas e aceleradoras. Na teoria, eles são um passo inicial, rumo a um mundo de negócios mais conectado e compartilhado, mas acabaram se transformando em escritórios que apenas alugam seu espaço. Se compararmos a incubadoras no sentido literal da palavra, eles são apenas um ninho: faltam os ovos e a galinha para cuidar deles. E é aí que o coworking entra, com os gestores (galinha) e os coworkers (ovos).

Bares e cafés

Bares e cafés não são espaços de trabalho colaborativos por definição, mas são espaços que várias pessoas frequentam quando não conhecem coworking ainda ou quando estão em uma cidade desconhecida. O lado bom é que você precisa apenas abrir o seu laptop e começar a trabalhar, desde que você continue pagando pelas bebidas e comidas. Mas há muitos pontos negativos[19], visto que eles não foram projetados para se trabalhar e contam com muitas distrações.

19. Um ótimo infográfico feito pelo ThreeFortyNine Coworking comparando trabalhar em casa, em um café e em um espaço de coworking: http://visual.ly/coworking-desks-accelerate-business

Comunidade

O QUE É UMA COMUNIDADE?

Todos nós temos diferentes definições de comunidade. É um conceito elástico, como tantos outros do universo do coworking. A comunidade de coworkers (da qual você faz parte como gestor) é o que faz de um espaço de coworking sustentável a longo prazo e o que agrega mais valor para os próprios coworkers.

Uma comunidade não é uma equação de resultado zero[20], onde uma pessoa tem que perder para outra pessoa ganhar. Em uma comunidade, o ganho de um é também de todos. Gestores de espaços de coworking e vários coworkers se especializam na relação ganha-ganha[21], onde todos os lados ganham (embora às vezes em diferentes quantidades).

Quando você cria uma comunidade, você é o primeiro membro. Para conseguir os primeiros membros para trabalhar com você é necessário sair e conseguir mais. Podem ser parceiros de negócios, potenciais coworkers, amigos... Você terá que sair e achar alguém que esteja interessado em trabalhar em um espaço de coworking e com quem você possa construir e aumentar esta nova comunidade.

O seu círculo pessoal de família e amigos é de fácil alcance – você tem que crescer além disso. Você terá que criar e comparecer a eventos, se apresentar e apresentar pessoas, compartilhar a sua história e aprender com as histórias dos outros... E você terá que fazer isto enquanto é verdadeiro contigo mesmo. Não seja

---

20. Se você quiser aprender mais sobre o conceito de equações de resultado zero: http://en.wikipedia.org/wiki/Zero-sum_game
21. Ganha-ganha é mais que um jogo, é muito estudado na teoria dos jogos: http://en.wikipedia.org/wiki/Win-win_game

egoísta[22], fugindo do diálogo. Você está construindo relacionamentos com outros seres humanos, não é uma via de mão única.

Comunidades são sobre pessoas, não marcas, logos ou páginas de Facebook. A cola que mantém elas unidas são as relações humanas. Comece a conectar pessoas e você estará iniciando a sua própria comunidade, a comunidade do seu espaço de coworking. Como membro de uma comunidade, outros irão querer te conhecer e descobrir se podem confiar em você. Confiança é a base dos relacionamentos e você pode começar passando confiança e trabalhando para aumentar de acordo com o comportamento da outra pessoa. Um dos seus trabalhos é ajudar a construir confiança entre os membros.

Uma comunidade não é apenas uma rede. Comunidade não é um grupo de pessoas que trabalham sob o mesmo teto. Uma comunidade é baseada em experiência, participação, responsabilidade e relacionamentos. Estes são ingredientes que desenvolvem um senso de pertencimento e mantêm uma comunidade viva[23]. Você deve ter experiências compartilhadas. Com participação, você terá um senso de comprometimento e pertencimento[24] maior. Sem responsabilidade de suas próprias ações com os outros e com o espaço de coworking, você não terá relacionamentos saudáveis. Sem construir relações entre os membros da comunidade, você só terá um grupo de pessoas.

---

22. Um ótimo exemplo de como não se comportar em eventos: http://www.youtube.com/watch?v=XuM0KtW73WU
23. Você assiste a uma interessante entrevista sobre comunidades com Alex Hillman aqui: http://thecommunitymanager.com/2013/01/14/the-experience-of- community-alex-hillman
24. Para um ótimo livro sobre comunidades, você deve ler *The Art of Community*, de Jono Bacon: http://j.mp/communitybacon

O VALOR DE UMA COMUNIDADE

Toda esta conversa de comunidade não é um sonho hippie; é sobre agregar valor para os outros e para o seu negócio. Sem uma comunidade de membros e operadores com a dinâmica certa, o único valor do seu espaço de coworking será apenas o espaço. Você não estará oferecendo o valor agregado para fazer os coworkers virarem clientes e fidelizarem, nem terá uma vantagem sustentável sobre os múltiplos concorrentes de coworking (casas, outros espaços de coworking, centros empresariais, escritórios compartilhados etc.)

O coworking nasceu da necessidade dos profissionais independentes de compartilhar – experiências, contatos, despesas etc. Virou uma realidade quando profissionais trabalharam em um ambiente comum e fortaleceram a confiança. A confiança nos permite ir além de diversas maneiras, nos ajudando a criar relacionamentos de qualidade tanto no campo profissional quanto pessoal. Se nós conseguirmos criar um ecossistema onde nossos clientes se sentem confortáveis em trabalhar ao lado de outros coworkers e de nós mesmos, em colaborar e ajudar um ao outro, nós estaremos oferecendo a eles um valor exclusivo e único. Eles continuarão como clientes e trarão outros para trabalhar no nosso espaço de coworking.

Quanto mais rápido conseguirmos fortalecer as conexões entre os coworkers e acelerar o estabelecimento da confiança, mais durável, valiosa e lucrativa será a relação com cada coworker. Você verá que estas conexões e confiança irão desenvolver e fortalecer os próprios coworkers e a percepção de valor que os membros terão de pertencer à sua comunidade aumentará.

Quando seus clientes tiverem ciência do valor do coworking com você, eles se tornarão verdadeiros coworkers, não apenas um usuário que sairá assim que encontrar uma mesa e cadeira mais baratos. Eles começarão a evangelizar e recomendar o seu espaço, darão feedback constante e ajudarão o seu espaço de coworking a crescer forte e saudável. Construir este tipo de ligação em sua comunidade facilitará que você pense em projetos maiores com um nível maior de comprometimento quanto a tempo, conteúdo ou preço.

Sempre há diferentes comunidades e subcomunidades interagindo no seu espaço de coworking. Sua comunidade envolve todos que serão parte ou estarão em contato com seu espaço e sua marca: seus coworkers, os participantes de eventos e a grande comunidade local que você está impactando. Sua comunidade é formada por diferentes comunidades que vão além das paredes do seu espaço de coworking, mas seu espaço é um dos principais conectores e ativadores. Você é o gestor de um ponto de convergência que tem grande valor para a sua comunidade.

Você pode aumentar o interesse sobre o seu espaço de coworking entre associações, negócios e instituições públicas na sua área. Converse com eles e esteja aberto, mas se você perceber que há um comprometimento muito grande de tempo e esforço da sua parte sem um retorno suficiente, corte. Algumas pessoas têm intenções muito boas e um salário que permite a elas gastar muito tempo em assuntos sem prazos e objetivos claros. Você não.

CRIE, DESENVOLVA E CULTIVE A SUA COMUNIDADE

O primeiro desafio que você vai enfrentar quando iniciar uma comunidade ao redor do coworking é que coworking não é muito conhecido. Mesmo com seu crescimento explosivo, são poucas as pessoas que trabalharam em um espaço de coworking. Poucas ouviram falar de coworking. Seja esperto e fale sobre as questões e necessidades que seus clientes potenciais enfrentam ao trabalhar sozinhos em casa, em cafés etc. Você tem que educar as pessoas sobre coworking e atraí-los oferecendo algo útil e que eles deem valor.

Inicie a sua comunidade

A coisa mais importante a se saber sobre iniciar uma comunidade é isto: você não precisa ter um espaço. Saia e encontre pessoas que gostariam de compartilhar tempo de trabalho de uma forma sociável. Você pode organizar isto em qualquer lugar que tenha eletricidade e internet (ar condicionado é um diferencial). Conhecer estas pessoas vai te ajudar a a entender suas necessidades, se tem gente o suficiente para começar, como eles estão trabalhando, como chegar a eles... Organizar estes eventos também vai te ajudar a conseguir uma lista de clientes potenciais para trazer ao seu espaço assim que você inaugurá-lo. Um evento não é o suficiente. Faça regularmente e lembre-se que coworking é sobre trabalhar e não apenas socializar: seus clientes são profissionais que estão tentando ganhar a vida.

Eventos

Se você não tem uma grande rede de pessoas para contar as boas novas, você terá que construir. Aprenda sobre o que está

acontecendo ao seu redor. Vá a outros eventos, conheça os organizadores, procure comunidades online de freelancers, autônomos
e pequenos empreendedores em sua área. Construir sua rede de
contatos toma tempo e esforço. Quanto mais esforço você coloca,
menos tempo leva.

Organizar eventos é uma ótima maneira de se apresentar, ser
conhecido e conhecer outros em redes profissionais locais. O lado
bom de organizar eventos é que não há muitas pessoas querendo
fazer este trabalho. Aproveite isso. Ajude a organizar eventos e
produza os seus próprios eventos também.

Não faça isso sozinho. Envolva outros nos eventos e nas atividades
da comunidade. Envolver as pessoas motivadas que comparecem
aos seus eventos vai te ajudar a construir uma comunidade mais
saudável e estender o seu alcance. Se você ajudar outras pessoas
a produzir os seus eventos e interesses, você já estará ajudando,
agregando valor à comunidade e dividindo a responsabilidade.

Promova e ajude os organizadores de eventos e atividades da
comunidade.

Não há uma maneira rápida de fazer isto. Construir uma comunidade é um processo orgânico e leva tempo, mas vale a pena e vai
durar muito tempo se você cultivar. Comunidades são baseadas
em confiança e senso de pertencimento entre seus membros.
Confiança leva tempo. Você tem que inspirar, motivar, organizar
e mobilizar.

Ajude os outros a ajudar a comunidade e você.

O primeiro encontro que você organizar pode não ser um enorme sucesso (depende muito da sua rede de contatos e o quanto você trabalha para trazer as pessoas ao local), mas o sucesso deve aumentar nos seus eventos seguintes. Se ninguém nunca aparecer, você pode ter um problema e abrir um espaço de coworking pode não ser a melhor ideia pra você neste momento.

Você não está apenas criando uma comunidade, mas também fazendo uma pesquisa de marketing. Você está oferecendo o seu projeto para a cidade, suas ideias, seus sonhos, você mesmo. Nem todos os locais estão prontos para um novo espaço de coworking, ou talvez você não é a pessoa certa para construir a comunidade.

Não desista: mude a sua mensagem, tente um novo local, novo horário, um dia diferente, tente falar sobre coworking de outra maneira, fale sobre outros assuntos... Mas se não funcionar e as pessoas não se interessarem pelo que você está vendendo... considere a hipótese de que, talvez, não há clientes para o seu projeto e você deve investir seu esforço em outras coisas.

Promover um evento não para quando o evento começa. Você tem que mostrar aos outros o que está acontecendo, as pessoas que compareceram e as iniciativas que estão rolando. Você tem que compartilhar a experiência, se possível durante e depois do evento; mostre as coisas que farão com que aqueles que não foram queiram ser parte da comunidade e participar no próximo evento.

Meetup.com[25] é um grande local para descobrir grupos e pessoas interessadas, e promover seus eventos. Mas lembre-se que eles não deixam você saber o e-mail das pessoas que se inscrevem no

---

25. Saiba o que está rolando na sua região em http://www.meetup.com

seu grupo, então tenha certeza de solicitar um e-mail como uma pergunta obrigatória em todo formulário de inscrição de evento para construir sua própria lista de e-mails.

Avalie os eventos que você organiza. Pergunte a si mesmo e aos participantes os pontos positivos e negativos, o que pode ser melhorado e como. Talvez você não tenha direcionado às pessoas certas ou o momento poderia ter sido melhor. O que importa é fazer e não apenas ter a intenção. Continue organizando e testando, com o objetivo de melhorar questões específicas.

Seu papel como um gestor de comunidade

No momento em que você decide iniciar uma comunidade, você assume o papel de iniciador e o dever de ajudar pessoas a se juntar a você e a conhecer outros membros da comunidade. Foque em entregar valor para cada pessoa que entrar.

Conforme a comunidade cresce, você cresce junto. Você estará mais experiente, com uma rede maior, sentindo melhor as coisas... Sua compreensão da comunidade, do que está acontecendo e das suas ideias fará você mudar e adaptar para continuar agregando valor à ela.

Você não pode saber tudo. Parte do seu papel é acelerar a serendipidade[26]: aumentar as oportunidades de descobertas positivas que as partes envolvidas não estavam procurando. Este é um processo criativo e como tal, é difícil resumir como uma receita de bolo. Continue procurando formas de ajudar as pessoas, de

---

26. Você pode ver em meus cartões de visita que eu defino o meu trabalho como sendo um acelerador de serendipidade™

conectá-las, de propor oportunidades e crie eventos que facilitarão que essas situações aconteçam. Transforme isto em reflexo. Você dá o exemplo que os outros seguirão. Esqueça sobre manter o controle. Você não pode definir toda a experiência de coworking, do início ao fim, mas você tem um papel importante de modelar e direcionar esta experiência.

Para criar a atmosfera certa na sua comunidade, você precisa sempre estar ligado. Erros acontecerão, algum dia você não estará tão disposto, mas você deve manter uma atitude diária. Como um gestor de um espaço de coworking, você é um agente ativo da construção de comunidade. Isto não acontece sozinho – você tem que trabalhar nisto todo dia.

Criando e fortalecendo conexões

Fazer com que todos se conheçam em seu espaço não é tão simples. Cada pessoa tem sua própria rotina e passa a maior parte do tempo concentrada trabalhando. Você tem que criar e às vezes forçar as situações para conseguir com que eles conversem entre si e se conheçam.

No Betacoworking e em outros espaços de coworking nós utilizamos diferentes eventos, dinâmicas e ferramentas para criar mais conexões entre os membros da comunidade e também para fortalecer estas conexões. Essas situações giram em torno de:

- **Eventos de networking e apresentação.** Criar as conexões e fazer com que os coworkers se conheçam é muito importante. Nós os introduzimos tanto levando os solitários para conhecer os outros (especialmente importante para os membros mais introvertidos ou preguiçosos), quanto organizando eventos onde os membros se apresentam rapidamente e explicam o que eles estão buscando ou no que estão precisando de ajuda (ótimo para provocar conversas e serendipidade, ao invés de ajudá-los diretamente). Qualquer oportunidade para apresentar membros é boa. Nós também fazemos networking para coworkers quando não estão presentes e outros coworkers podem fazer o mesmo para seus colegas e para você.

- **Comida.** Coworkers vão para o seu espaço preferencialmente para trabalhar. Você não pode interrompê-los frequentemente, porque eles têm que se concentrar no trabalho. O melhor momento do dia para conversar e apresentar pessoas é por volta do almoço. A maioria das pessoas usa a pausa do almoço para relaxar um pouco e sair do computador. Tire vantagem disso. Coma com seus coworkers e faça as apresentações. Você pode pedir para que eles se apresentem, perguntar se eles se conhecem, puxar um assunto que você acredite ser do interesse deles... Organizar eventos de almoço é uma ótima oportunidade para aproximar as pessoas: pode ser churrasco, aulas e/ou grupos de culinária ou conhecer um novo restaurante. Mantenha essas oportunidades acontecendo, mesmo que seja apenas comunicando que você vai comprar um sanduíche e perguntando quem quer ir com você. Para os eventos, faça com que eles se inscrevam (mesmo que seja apenas aceitando um convite de calendário) para aumentar o comprometimento. Pausas para o café também são boas, especialmente se eles tiverem que fazer o próprio café (o que aumenta o tempo de espera na frente da cafeteira e a oportunidade para começar uma conversa). Provoque pausas para café e almoço diariamente; vá com eles. Um dia eles farão isso por conta própria e até convidarão novos coworkers. Esta é a magia de criar um hábito, de desenvolver uma cultura na sua comunidade ao dar o exemplo com suas ações.

- **Visibilidade.** Ajude seus membros a serem mais notados dentro e fora da comunidade. Grande parte dos profissionais estão focados em seus projetos e tarefas sem dar muita importância aos aspectos de marketing. Porque não ajudá-los promovendo-os em seu site e em suas redes sociais? Porque não dar suporte e feedback sobre o que eles estão fazendo? Seus coworkers são suas melhores referências fora do seu espaço. As pessoas confiam em seus amigos e contatos próximos. Se você promover o trabalho deles, eles considerarão isto como um reforço no relacionamento de vocês e você estará construindo um laço mais profundo com eles. Esta gratidão será algo comum e compartilhado com o resto dos coworkers e, em consequência, algo que dará a eles um maior senso de comunidade. Ao mesmo tempo, você estará exposto para seus clientes, contatos, família e amigos como um recurso valioso.

  Tire vantagem do mural de membros[27] no seu espaço e site (um local onde você exibe os rostos, nomes e biografias dos seus membros) para ajudar os coworkers a se acharem e descobrir o que os outros estão fazendo. Isto também vai ter um efeito secundário positivo – mostrando aos outros que seu espaço tem clientes, as pessoas vão pensar que você vale o dinheiro delas (você pode aprender mais sobre prova social no capítulo de marketing).

---

27. Estes são os murais online de membros do Betacowork http://www.betacowork.com/coworkers/ e do workINcompany http://workincompany.com/#miembro

- **Grupo restrito a membros.** Um grupo online restrito a membros é uma ótima ferramenta para os membros conseguirem ajuda e compartilhar informações sem ter que esperar por um evento ou uma pausa. A parte mais difícil é conseguir compartilhar o conteúdo certo, mas assim que esses conteúdos forem compartilhados, vai entregar um valor enorme aos membros, ajudando-os a encontrar talentos, projetos e conhecimentos. Dependendo da capacidade do seu espaço de coworking, você pode querer apresentar todos os novos membros conforme eles chegam, apesar de que eventos presenciais funcionam muito melhor para as apresentações.

- **Participação na organização de eventos.** Alguns eventos você organizará sozinho, mas outros serão organizados pelos membros. Dê suporte a eles na organização dos eventos. Todo evento é uma nova experiência para compartilhar, uma nova oportunidade para conectar. Eles também podem despertar o desejo de organizar algo entre os outros membros.

Eu tenho certeza que você pode pensar em várias outras ideias para desenvolver este verdadeiro senso de comunidade. Nós testamos novas ideias diariamente. O que você testa e faz? Não seja tímido e compartilhe suas ideias com a comunidade de coworking em http://coworkinghandbook.com/community-building.

Como lidar com o conflito

Medo de conflitos na comunidade é mais difundido entre os gestores dos espaços do que os conflitos em si. Você terá milhares de interações com seus coworkers e eles terão muito mais entre eles. Muito raramente terá um conflito e a grande maioria deles será ínfimo.

Se você tiver que intervir pelo bem da comunidade, você deve fazer uma coisa antes: converse com todos os envolvidos. Descubra o que aconteceu e avalie a importância do ocorrido. Tente achar uma solução justa e equitativa. Lembre-se dos valores e ética do seu espaço para decidir o que fazer e proteger a confiança da comunidade. Algumas vezes, uma boa conversa é o suficiente; em outras ocasiões, você terá que recorrer a medidas mais extremas como a expulsão do membro ou até chamar a polícia. É o seu espaço. Sempre é a sua responsabilidade.

Marketing e vendas: promovendo o seu espaço e conseguindo novos clientes

Algumas pessoas acham que apenas utilizar a palavra "coworking" em tudo o que fazem, automaticamente transformará isto em sucesso. Eu lamento ser o portador de más notícias, mas isto não é verdade.

Coworking não é uma palavra mágica que afasta os problemas reais: você precisa trabalhar duro para promover o próprio coworking, para promover o seu espaço, para conseguir novos clientes e para manter seus clientes. Se fosse uma fórmula matemática, todos estariam fazendo exatamente a mesma coisa e funcionaria para todos. Nós não estamos utilizando esta fórmula e ela não funciona assim. Nós somos humanos e nossos coworkers também. Robôs não frequentam coworking.

Como qualquer outro negócio, os princípios básicos de marketing e comunicação são válidos. Você tem que entregar algo que seja interessante para o seu público-alvo de forma que eles entendam. Você tem que aumentar a atenção, o interesse e o desejo e então disparar a ação que você deseja – geralmente, fazer com que eles escolham o seu espaço para trabalhar. E você também quer os outros falando bem de você!

Quando você está construindo um espaço de coworking, você vai querer que os seus coworkers fiquem por longas temporadas. Você está construindo uma comunidade. Uma atitude "faça a venda a qualquer preço" não vai funcionar. Construir as dinâmicas e clima corretos no seu espaço é fundamental para o seu negócio. Se importe com seus clientes e você terá mais sucesso.

Lembre-se que o coworking ainda está em sua infância. Só existe há poucos anos e a maioria das pessoas com quem você conversar ou nunca ouviram falar sobre coworking ou acham que é algo diferente. Você tem que chegar a eles em termos simples para que entendam desde o início. Você não quer que eles lutem com o conceito. Se isso acontecer, eles estarão ocupados tentando decifrar ao invés de ouvir e entender o que você diz.

Quando você falar sobre marketing e vendas, você vai descobrir que para algumas pessoas, estes dois conceitos são a mesma coisa; para outros, são conceitos relacionados, mas distintos, e você também descobrirá que algumas pessoas separam o marketing da comunicação. Você não está fazendo um curso de marketing, então você não se importa. São dois lados de uma mesma moeda e um lado impacta o outro. Apenas lembre-se que isto tudo é parte do ciclo de vendas.

Ajude coworkers, clientes potenciais, jornalistas, amigos e todo o resto irá te ajudar, fazendo com que os outros entendam o que você oferece, promovendo o seu espaço, compartilhando o seu site e suas promoções, mencionando nas redes sociais... Se você facilitar pra eles, eles farão parte do trabalho para você.

QUAL É O SEU OBJETIVO?

Se você está gerenciando um negócio de coworking, seu objetivo é conseguir mais coworkers, mantê-los e eventualmente alugar espaço para eventos e reuniões.

São produtos diferentes e cada um tem um público-alvo diferente, logo você tem que estabelecer objetivos diferentes e ter estratégias diferentes. Eles podem se ajudar; eles não estão isolados. Se você tem vários eventos e os frequentadores precisam atravessar o seu espaço de coworking, você estará perturbando seus coworkers e eles podem acabar saindo; mas ao trazer pessoas para seus eventos, você estará mostrando um pouco do que é coworking para vários clientes potenciais e eles podem ser convertidos em coworkers ou indicar para pessoas que possam estar interessadas.

Lembre-se de seus objetivos e tente entender como eles impactam outros aspectos do seu negócio: sua marca, sua comunidade, suas finanças etc.

Bons objetivos são aqueles que você pode medir e que te dão uma ideia sobre o futuro do seu negócio, não apenas o seu cenário de vendas. Rastrear a evolução de quem testa e quem visita o seu espaço de coworking pode ser um bom indicador do que está acontecendo com clientes potenciais.

As duas formas mais fáceis de medir são através do número de membros e da receita. Acompanhe mês a mês. Verificar o progresso da filiação de clientes durante o mês pode te ajudar também, porque nem todos vão se inscrever com antecedência para facilitar o seu acompanhamento.

Se o seu objetivo é aumentar a retenção, converse com seus coworkers quando eles disserem que estão saindo e tente entender o motivo; você pode descobrir que é simplesmente sazonal (muitas pessoas deixam o coworking durante as férias e depois retornam) ou que algo aconteceu que você pode consertar. Simplesmente conversar com elas pode ajudá-lo a trazê-las de volta no futuro ou até mantê-las como cliente.

QUEM É O SEU CLIENTE? O MERCADO

Quem é o seu cliente? Para espaços de coworking, seus principais clientes são profissionais de conhecimento (pessoas que trabalham com um computador e conexão de internet): freelancers, empreendedores, autônomos e pequenas empresas. Freelancers são seus clientes centrais, a maior parte dos clientes potenciais. Foque neles, mas não se esqueça do resto.

Avaliar o tamanho do mercado de freelancers profissionais na sua cidade pode ser difícil e geralmente não há dados sobre isto. Você frequentemente encontrará dados sobre novas empresas e profissionais contratados, mas não são tão fáceis para filtrar apenas o número de profissionais de conhecimento que é relevante pra você. Existem milhares de freelancers e microempresas em cada cidade que podem se beneficiar do coworking. Encontre os dados disponíveis na sua cidade e entre em contato com os institutos de pesquisa para ver se eles podem te ajudar. Empresas que fornecem serviços para profissionais freelancers (como seguros) também possuem alguns dados.

A COMPETIÇÃO

A indústria do coworking não é grande o suficiente na maioria das cidades para que outros espaços sejam realmente seus concorrentes. A maior parte das pessoas nem sabem o que é coworking; principalmente, além de divulgar do seu espaço, você tem que realizar um esforço extra para explicar o que é coworking. Negócios cujos mercados se encontram em estágio inicial são mais difíceis porque demandam educar os clientes; por outro lado, se você tiver sucesso, você pode ter a vantagem de ser o pioneiro. Quando o coworking está começando a se desenvolver em uma cidade, é melhor ter mais espaços de coworking para que o conceito se espalhe mais rapidamente e para que você possa se concentrar mais e mais em promover o seu espaço sem explicações e convencimento extras[28].

Quem é o seu maior competidor? A casa dos seus clientes potenciais! Sim, não só outras empresas são seus concorrentes: tudo que evita que cliente se engajem com o seu negócio é um competidor. Vários profissionais freelancers trabalham em casa, alguns pela questão dos custos, mas a maioria porque não conhece uma alternativa valiosa. Ajude-os a enxergar as vantagens do coworking, atraia-os para o seu espaço, para que você seja parte do mapa mental deles, e você terá muitos clientes novos e satisfeitos. Destaque as vantagens do coworking[29] e os pontos negativos de trabalhar em casa sozinho[30].

Quanto mais caros forem os preços de aluguel de apartamentos e salas comerciais e quanto menores eles forem na sua cidade, melhor pra você. As pessoas vão se sentir mais propensas a encontrar um espaço profissional com espaço para respirar.

Preço é apenas uma parte da equação e não é uma parte que mereça que você gaste energia. Quando seu principal competidor

---

28. A revista de coworking Deskmag publicou resultados de estudos sobre isto: http://www.deskmag.com/en/the-development-of-coworking-spaces-213
29. Neste artigo, a Deskmag destaca as vantagens do Coworking baseadas em sua pesquisa global: http://www.deskmag.com/en/advantages-of-co-workig-spaces-over-traditional-and-home-offices-581. Apenas pesquise por "avantajes of coworking" em algum mecanismo de busca se ficar sem ideias.
30. As 10 principais distrações quando se trabalha de casa: http://www.deskmag.com/en/the-top-10-distractions-when-working-from-home-644

(a casa do seu cliente) está oferecendo um serviço gratuito, você nunca vencerá a guerra dos preços. Você precisa oferecer um valor que o cliente esteja disposto a pagar repetidamente.

Você deve conhecer os outros espaços de coworking e centros de negócios na sua área. Qualquer um que esteja oferecendo um serviço semelhante ao seu pode ser uma alternativa na cabeça do cliente e, consequentemente, um concorrente. Conversar com outros donos e gestores e acompanhar o que eles fazem irá ajudá-lo. Não fique obcecado com eles. Você tem que ter obsessão por promover o seu espaço.

FOCO

Foque em seu negócio principal. Como empreendedor isto pode ser difícil, porque você é naturalmente otimista sobre novas oportunidades e todos nós subestimamos a quantidade de trabalho que estas novas oportunidades requerem. Você estará fazendo mais de uma coisa, mas o quanto mais você focar, melhores serão os seus resultados. A mesma coisa vale para as principais fontes de renda do seu espaço: foque!

Se você decidiu que o coworking é a principal fonte de receita do seu negócio, foque nisso e faça o que for necessário para transformar em um sucesso. Assim que você atingir um certo tamanho, você será capaz de colocar um pouco mais de esforço em outros aspectos do seu negócio e você pode até estar no estágio onde você pode contratar alguém para fazer isso. Você pode promover eventos enquanto você está dando duro para trazer novos clientes, mas foque nos coworkers. Ter mais membros vai trazer mais receita estável, sem ter que realizar novas vendas todo mês para cada cliente. Coworkers são um negócio de repetição. A maioria dos eventos não é.

A maioria de nós, quando inauguramos nossos espaços, tem recursos limitados e estamos financiando o investimento sozinhos. Nós temos a tentação e necessidade de pegar trabalhos paralelos ou lançar novos negócios. Você pode fazer isso se precisar, mas limite a quantidade de tempo que você gasta com estes outros trabalhos e concentre-se em construir o seu negócio.

QUEM É VOCÊ? SUA MARCA

Gestão de marca (Branding) não é apenas sobre sua imagem e sua voz. É sobre a sua personalidade e a personalidade do seu negócio. Você e as pessoas que você traz para o seu espaço definem a personalidade de um coworking muito mais do que qualquer nome ou logo que você escolha. Você tem uma influência grande neste processo, mas não pode controlá-lo. Suas relações com os coworkers, as relações das pessoas que trabalham com você e a forma que você se comunica também influenciarão a comunidade de coworkers e a imagem da sua marca. Os relacionamentos que você facilita e fortalece também afetam a imagem da sua marca – e também definirão quem você é[31].

Se você quer ser mais direcionado a profissionais criativos ou de tecnologia, se você quer focar em todos os tipos de profissionais independentes, se você quer tentar um público mais corporativo... A escolha é sua. Apenas mantenha a porta aberta a outros perfis

---

31.   Uma ferramenta interessante para te ajudar a entender o seu negócio pela ótica do marketing é o Canvas de Fundamentos de Marketing: http://www.cezary.co/post/79977288955/marketing-fundamentals-canvas

para que você possa ter um ambiente mais rico e diversificado, que trará mais valor para os seus usuários e mais clientes para você.

Quando você está iniciando e o coworking não é conhecido em sua cidade, facilitará a sua vida focar em um único grupo de profissionais, mas não fique muito específico. "Profissionais web" te dá um público maior; "Desenvolvedores flexíveis holandeses vivendo no Rio de Janeiro", não. Quando você atingir um determinado tamanho e popularidade, você pode abrir sua divulgação de forma mais clara para outras profissões, mas tenha certeza de que os seus clientes iniciais não vão perder o interesse em você!

Seus perfis nas redes sociais e sites dizem muito sobre você e sua empresa. Sempre adicione uma foto do seu rosto sorridente ou a logo do seu espaço como a foto de perfil, preencha as informações sobre você e volte sempre para atualizá-las. Adicione fotos, vídeos e outras informações que as páginas permitem (Ex.: adicione mais fotos do seu espaço na sua página do "Google Meu Negócio" e inclua vídeos se você tiver).

INFLUÊNCIA

Você tem o controle de alguns aspectos do seu negócio, mas no que diz respeito às pessoas, o máximo que você tem é influência. Como um dono do negócio e "marqueteiro", você tentará influenciar as pessoas a fazer coisas como ser um coworker, comparecer ao seu evento, ler o seu blog, curtir a sua página do Facebook etc.

Tem um requisito aqui: leia "Influência: a psicologia da persuasão" (Influencie: the Psychology of Persuasion), de Robert Cialdini e

Steve Martin[32]. Este livro vai ajudá-lo a entender o que passa pela cabeça das pessoas quando você está tentando persuadí-las a algo e também sobre aqueles que estão tentando te persuadir. É fácil de ler, bem interessante e tem várias ideias que você pode usar. O livro traz a ciência para a arte de influenciar e vender.

Existem 6 princípios acionáveis de influência que você pode usar:

- **Reciprocidade:** As pessoas tendem a retornar favores e se você oferecer algo de graça, elas se sentem mais obrigadas a te dar dinheiro (Ex.: convide elas para um café no dia em que vierem testar o espaço).

- **Comprometimento e consistência:** Se as pessoas se comprometem com algo (por exemplo, se inscreverem para utilizar uma diária gratuita), é mais provável que honrem este compromisso, mesmo se a motivação original não mais existir. Todos nós temos tendência a ser consistentes. Se dissemos sim para um pequeno compromisso, nós seremos mais consistentes quando nos solicitarem um comprometimento maior[33].

- **Prova social:** As pessoas farão coisas que os outros estão fazendo. Diga a eles o que os outros estão fazendo para incentivá-los. Se você tiver um espaço de coworking vazio, menos pessoas vão querer estar lá (como ser a primeira pessoa na pista de dança). Então se certifique de que tenham

---

32. Mais informações no site http://www.influenceatwork.com. Se você não gosta de ler, você pode assistir uma animação curta e interessante em https://www.youtube.com/watch?v=cFdCzN7RYbw. Sério, leia o livro!
33. Consistência explicada em 59 segundos: https://www.youtube.com/watch? v=ydchCy5WF_I

pessoas lá, compartilhe os novos clientes e fotos das pessoas interagindo no seu espaço, etc.

- **Autoridade:** As pessoas tem tendência a obedecer figuras de autoridades. Pode ser pelas roupas (como os falsos médicos de propagandas), um título (professor), reputação... Porque eu escrevi um livro sobre coworking, muitas pessoas me olham como uma autoridade no campo de coworking. Porque você gerencia um espaço de coworking, pessoas na sua área vão te enxergar como uma autoridade local em coworking.

- **Afinidade:** As pessoas são facilmente persuadidas por quem elas gostam, como um astro ou um amigo. Um princípio básico é o boca-a-boca. Leve pessoas influente para o seu espaço!

- **Escassez:** Escassez percebida vai gerar demanda. Preste atenção à parte percebida: está na cabeça da outra pessoa. Exemplos comuns de escassez criada são ofertas limitadas e liquidações temporárias. É interessante como quanto menos estações de trabalho estão disponíveis no seu espaço de coworking, mais pessoas querem.

Esta lista é uma simplificação, mas pode te ajudar muito. E leia "Influência" – você vai ser melhor no seu negócio.

SE COLOQUE NO LUGAR DELES

Sempre que você estiver se comunicando com alguém, você tem que entender a outra pessoa. O melhor a se fazer é conversar com seus clientes e se colocar no lugar deles; tente criar uma mensagem que seja interessante para eles. Não puna o seu público com informações irrelevantes: eles vão acabar deixando de te ouvir.

Quando você entender as necessidades mais íntimas dos seus clientes, você pode oferecer algo que eles valorizam.

DO PRIMEIRO CONTATO À CONVERSÃO

Quando estamos divulgando um produto, todos nós passamos por uma coisa chamada "funil de compras". Existem diferentes versões deste funil, mas AIDA é útil e fácil de lembrar[34]. AIDA é um acrônimo de Atenção, Interesse, Desejo e Ação. É representado por um funil porque conforme você avança de um estágio para outro, você tem cada vez menos pessoas, até que um pequeno grupo de escolhidos realizam a ação desejada, que pode ser virar um membro do seu espaço, comprar um ingresso para um evento, dar um depoimento para o seu negócio, etc.

Primeiro você tem que aumentar a atenção, as pessoas têm que saber que você existe e o que você vende. Você está chamando a atenção deles. A primeira impressão importa; seja autêntico. Se você usa fotos de banco de imagem forçadas e um marketing meia-boca, ninguém vai acreditar que o seu espaço é super legal.

---

34. Você pode achar algumas das diferentes versões em http://en.wikipedia.org/wiki/AIDA_%28marketing%29

Use fotos reais, com coworkers e gestores sorridentes se você puder[35].

Depois você tem que aumentar o interesse, para que eles queiram saber mais sobre você. Foque nas vantagens que você oferece, não nas características. Neste momento, o seu cérebro primário decidiu que, porque o que você fala é interessante, a parte mais racional e complexa do seu cérebro pode se identificar com a informação e gastar energia processando a informação analisando-a.

Desejo vem em seguida. Os clientes potenciais tem que ser convencidos que eles querem o seu produto e que vai satisfazer suas necessidades.

No que diz respeito à ação, ajude o seu público-alvo com uma chamada para a ação simples e direta – lidere-os para fazerem o que você quer que façam. Seja franco, não esconda a sua chamada "Inscreva-se agora" e "Reserve uma sala de reunião agora". Facilite para que seus clientes façam o que você quer que eles façam: não os façam pensar[36].

Dependendo de qual parte do funil você está desenvolvendo, você utilizará diferentes técnicas e mensagens. Aqui está um exemplo para a promoção de um novo espaço de coworking:

---

35. Profissionais de marketing insistem bastante na parte do "sorridente" por causa de como os humanos são conectados e como "neurônios-espelho" fazem com que tenhamos em nossos cérebros os efeitos daquele sorriso que vemos em outra pessoa ou foto. Cuidado com sorrisos falsos. Leia esses artigos para aprender mais: http://www.scientificamerican.com/article/the-mirror-neuron-revolut/ e http://www.psychologytoday.com/blog/cant-buy-happiness/201208/when-youre-smiling-the-whole-world-buys-your-toothpaste
36. Um livro ótimo, curto, simples e útil sobre web design: *Doente Make Me Think*, de Steve Krug http://www.sensible.com/dmmt.html

1. **Atenção:** Desenvolva um site e presença em redes sociais. Permita que os outros saibam que você está por perto: contatando-os diretamente, por meio da imprensa e pessoas influentes, mídias sociais etc. Diga a eles de uma forma curta e simples o que é coworking, o nome do seu espaço e para quem se destina. Peça para eles te ajudarem a divulgar para outras pessoas.

2. **Interesse:** Adicione na página principal do seu site as maiores vantagens do coworking e porque é ótimo trabalhar no seu espaço. Compartilhe em suas redes sociais e mande e-mail para sua rede de contatos.

3. **Desejo:** Ofereça uma condição especial para descobrirem o seu espaço, como uma diária gratuita ou um desconto por tempo limitado. Para uma diária gratuita ou um dia de portas abertas, convide as pessoas que entraram em contato pedindo informações, alguns amigos e as pessoas influentes com quem você quer compartilhar a experiência (não se esqueça de compartilhar isto repetidamente através das mídias sociais). Para uma oferta especial, mande para as pessoas que já se inscreveram para uma diária gratuita no seu espaço.

4. **Ação:** Peça para eles se inscreverem para a diária gratuita ou para a oferta especial. Se for para uma diária gratuita, mande um e-mail depois que eles tiverem passado o dia perguntando o que acharam e pedindo para serem clientes.

Qualquer que seja a mensagem, faça da forma mais curta possível. Quanto mais fácil for para as pessoas lerem e entenderem, maior será o impacto que terá. Todos nós somos ocupados e não necessariamente interessados nos e-mails que recebemos. Lembre-se que um texto escrito e um texto falado não são iguais e que públicos diferentes requerem focos diferentes e formas de se explicar: um cliente potencial que quer aprender sobre coworking não quer as mesmas informações que um estudante de doutorado que está escrevendo uma tese sobre coworking, nem um outro gestor que esteja em uma conferência de coworking com você.

VOCÊ ESTÁ CONSTRUINDO RELACIONAMENTOS COM HUMANOS

Este não é um negócio de mão única. Você está construindo relacionamentos com seus clientes, com a mídia, com as autoridades locais, banqueiros, investidores, fornecedores. Todos eles podem te trazer mais clientes. Todos são seres humanos, não são máquinas, nem negócios. Um negócio não fala, sempre são pessoas que falam.

Redes profissionais online são ótimas, mas nada supera uma reunião presencial. Crie oportunidades para as pessoas se encontrarem e se certifique de conhecer a maior quantidade de pessoas que puder.

Você tem muita experiência construindo relacionamentos; você tem feito isso desde que nasceu. Nem todas as relações serão iguais; haverá ligações mais fortes e mais fracas, mas você sempre pode fortalecer conexões mesmo sendo apenas interagindo regularmente. Quando você compartilha informações sobre você e sua empresa através das redes sociais, você está construindo estas ligações.

LIDANDO COM JORNALISTAS E PESSOAS INFLUENTES

Jornalistas e pessoas influentes são como qualquer outra pessoa, eles se importam com relacionamentos e gostam de coisas interessantes que possam agradar o seu público.

Se você é atencioso com os jornalistas e as pessoas influentes, eles serão mais receptivos a você.

Construa um relacionamento com eles mesmo antes de inaugurar seu negócio, deixe que eles saibam o que você está preparando. Coloque-se no lugar deles, entenda como é o trabalho deles[37] e a quantidade de pedidos que eles recebem. Veja suas publicações e entre em contato para saber como você pode ajudá-los e para oferecer contato com pessoas da sua rede e do seu espaço (vitória dupla aqui: você ajuda os dois lados e ainda pode ser mencionado em um artigo). Pergunte o que eles estão procurando e como você pode ajudá-los. É melhor se você criar um documento (geralmente uma planilha, mas pode ser apenas um contato na sua agenda) com seus nomes, contatos, onde eles publicam os artigos, quais são seus interesses...

Entenda a diferença entre o que é notícia e o que não é. Você conseguir um novo cliente para o seu espaço é interessante pra você, mas não é uma notícia para o mundo. Se você conseguir que o presidente do seu país seja um coworker no seu espaço, isto é notícia! Para ser notícia, precisa ser novo, importante, interessante, extraordinário, sensacional. Se pergunte se as pessoas se importaria com isso. Por que?

_____

37. Esta apresentação em vídeo do jornalista e influenciador Robing Wauters irá te ajudar a entender os jornalistas e seu trabalho: http://www.youtube.com/watch?v=v_4PBMagWXc

Seja útil para eles. Desta forma, eles irão se lembrar de você mais frequentemente e quando você entrar em contato com eles com notícias, eles se sentirão mais propensos a te ajudar (lembre-se, reciprocidade é um elemento importante de influência).

Não desperdice o tempo deles, seja conciso e direto. Esqueça os superlativos. Eles filtram muitas coisas, muito rápido. Isto significa que se você usar uma linguagem muito complacente ou se enviar um texto muito longo, eles não vão ler. Eles recebem muitos e-mails ruins, comunicados de assessores de imprensa e pinches: eles são muito bons em identificá-los, não perder tempo com eles e jogá-los no lixo.

Facilite a vida dos jornalistas e das pessoas influentes. Eles são profissionais ocupados como você. Monte o seu texto e mensagens de forma que eles possam publicar diretamente sem mudar uma palavra, em uma linguagem que eles e seus públicos entendam. Quanto menos trabalho eles tiverem que fazer para traduzir para o público, maiores são as chances de que você esteja na mídia. Facilitar a vida deles inclui não apenas palavras, mas facilitar com o material gráfico que eles possam usar: fotos do seu espaço, de você, dos seus membros etc.

Sempre inclua suas informações de contato (celular e e-mail). Se eles te acharem interessantes mas não conseguirem encontrar seus contatos facilmente, a oportunidade será perdida.

Mandar comunicados de imprensa indiscriminadamente é preguiçoso e não mostra que você se importa com o destinatário. É melhor do que nada, mas você deve contatar as pessoas que vão receber e falar sobre isso (antes de enviar é melhor do que depois de enviar, qualquer contato é melhor do que nenhum contato).

Pense sobre isso, todos estão recebendo a mesma informação ao mesmo tempo; que vantagem eles tem se todos publicam a mesma informação?

Jornalistas adoram exclusividade e acesso antecipado. Eles adoram ter a notícia, o ponto de vista ou a informação que mais ninguém tem.

Quando escolher os jornalistas e pessoas influentes, foque em quem é importante para os seus clientes e que tenham uma ligação melhor com o seu negócio principal. Um artigo em uma associação comercial local pode ter muito mais impacto no sucesso da sua empresa do que em um jornal de circulação nacional. Você está construindo uma empresa, não o seu ego.

APENAS FAÇA (NÃO BUSQUE A PERFEIÇÃO)

Enviar uma mensagem que não seja perfeita é infinitamente melhor que não enviar mensagem nenhuma.

O medo não deve comandar a sua vida nem o seu negócio. Quando comecei a escrever este livro, eu enviei antes comunicados para a imprensa visando receber comentários – e eles não foram bons. Foi preciso trabalhar mais, mas ter este retorno me ajudou muito. Quando eu lancei o meu site... Bem, digamos que poderia ter sido bem melhor.

Se você tiver medo, você vai dar uma mancada enorme que vai arruinar o seu negócio – não tenha. Você é uma pessoa sensível e há poucas coisas que você faça que tenha um impacto tão grande que não possa ser reparado. Não é fácil impactar, tanto de forma positiva quanto negativa. Todos nós cometemos erros e cometeremos novamente no futuro. Aprenda com eles e tente não repeti-los.

No seu negócio e marketing você passará por um ciclo de aprendizado, preparação, ação e avaliação. Este ciclo se repetirá várias vezes. Você nunca vai saber tudo e as coisas estarão mudando – tente se divertir no processo.

COMECE AGORA

Construir relacionamentos toma muito tempo e esforço. Comece agora. Não espere o dia do seu lançamento. Mesmo que você ainda não tenha um espaço, comece a achar as pessoas que possa frequentá-lo e converse com elas sobre o projeto. Construa o seu site e sua presença nas redes sociais e comece a utilizá-los conforme você for criando, não espere que tudo esteja pronto. Você pode até começar a aceitar inscrições e reservas antecipadas com depósito adiantado ou taxas de reserva.

Se você já tem uma comunidade antes de criar o seu espaço, tudo será mais fácil, mas você ainda terá que trabalhar muito. Senão, comece a frequentar eventos, organizá-los e procure pontos de encontro de clientes potenciais (no mundo virtual e físico).

Quando eu inaugurei o Betacoworking[38] com Jean Derely[39], nós já tínhamos mais de 3.000 pessoas para entrar em contato como membros do Betagroup, a maior rede de profissionais de

---

38. Betacowork: http://www.betacowork.com
39. Jean Derely deixou o ramo do Coworking devido ao sucesso de sua startup http://www.woorank.com

tecnologia e empreendedores na Bélgica. Nós éramos membros ativos do ecossistema local de tecnologia e também tínhamos uma grande rede pessoal de contatos (incluindo a rede de ex-alunos de nossas escolas em Bruxelas). Isto facilitou e acelerou as coisas, mas não foi automático. Três anos depois eu ainda sou um membro da diretoria do Betagroup, que alcançou mais de 7.000 membros, enquanto o espaço de coworking abriga por volta de 200 membros.

Quando Jaime Aranda e Alberto Perez Sola inauguraram o workINcompany[40] em Sevilha, eles tiveram que começar do zero. A rede pessoal e profissional deles não tinham muito a ver com as pessoas que poderiam se beneficiar do espaço de coworking que eles estavam abrindo. Eles estavam em uma cidade onde não tinha muita coisa acontecendo em termos de contatos profissionais, então eles começaram a construir e promover o ecossistema local enquanto estavam construindo seu espaço e comunidade. A vida foi muito mais dura para eles, mas eles estão tendo um impacto duradouro na melhoria da cidade em que vivem.

AVALIAÇÕES E DIRETÓRIOS

Você tem um negócio local e avaliações locais irão te ajudar muito com novos clientes, interessados e mecanismos de busca. Insira o seu espaço nos sites de avaliação relevantes em sua região. Para muitos, serão o Google Meu Negócio[41] (eles aparecem no Google Maps) e YELP[42].Na Bélgica, é importante também estar presente

---

40. workINcompany: http://workincompany.es
41. Acrescente a sua empresa no Google Maps e consiga avaliações: https://www.google.com/business/placesforbusiness/
42. Yelp é o mais utilizado no EUA e em alguns outros países: http://www.yelp.com/

no City Plug[43]. Ache os diretórios locais que sejam relevantes no seu país, região, cidade, ramo de atuação...

Em todos esse diretórios locais é importante que você acrescente fotos do seu espaço e o que acontece nele. Se pergunte "Se eu estivesse vendo esta foto, eu gostaria de saber mais sobre este lugar? Eu acessaria o seu site? Eu gostaria de fazer parte?" Qualquer foto é melhor que nenhuma.

Adicione todas as informações que eles perguntam e seja esperto com o nome da sua empresa: acrescente a palavra "Coworking" e se você realizar eventos, adicione a palavra "eventos". Não sobrecarregue os títulos nem encha de palavras-chave: mantenha simples, direto e elegante.

Assim que o seu espaço estiver ativo em algum diretório local, peça aos seus clientes para escreverem uma avaliação. Quanto mais avaliações você tiver, mais vai te ajudar com marketing. Mas tenha cuidado, em sites como YELP eles usam um algoritmo que desqualifica avaliações se todas são feitas em um curto espaço de tempo e o avaliador é novo e não tiver escrito nenhuma outra avaliação. Você pode enviar um e-mail de vez em quando ou, melhor ainda, logo após eles terem utilizado uma diária gratuita ou frequentado o seu espaço por algumas semanas. Não guarde rancor deles se não fizerem.

Existem muitos diretórios que não permitem avaliações, mas podem ajudar a trazer visitantes para o seu site e ajudar mecanismos de busca a te avaliar melhor pelas palavras-chave que importam para o seu negócio. O primeiro no qual você precisa se

---

43. Esta é a página do Betacowork no CityPlug: http://j.mp/cpbetacowork

adicionar é o Coworking Wiki[44]. Você pode descobrir que existem diretórios locais relevantes em seu pais, como o Coworking Spain[45] ou Coworking Brasil.

Também há diretórios que dizem que ajudarão a vender estações de trabalho no seu espaço por uma comissão. Na experiência que tive, eles são uma perda de tempo, trazendo nenhum ou pouquíssimos clientes, e complicam a sua administração. Podem haver exceções: eu espero ansiosamente por elas. De qualquer forma, pelo menos estar nestes diretórios vai ajudar à otimização do mecanismo de busca para o seu site.

O LADO DE NEGÓCIO E MARKETING DA COMUNIDADE

São muitas as vantagens de construir uma comunidade. Uma vez que você consiga construí-la e mantê-la, você também vai colher os benefícios de marketing e de negócios dela.

Se os seus membros se sentirem leais para a comunidade, você vai ter conseguido uma forma de barreira de saída: não vai ser fácil para eles saírem porque eles conhecem você e o seu espaço e eles já desenvolveram relacionamentos com outros membros; em um outro espaço, eles teriam que começar de novo. Se eles enxergarem valor nisso, eles não vão sair porque alguém ofereceu um serviço mais barato ou café de graça. Você criou uma barreira de entrada para quem possa ser seu concorrente.

---

44. Diretório do Coworking Wiki: http://wiki.coworking.com/w/page/29303049/Directory
45. Coworking Spain: http://coworkingspain.com

Confiança é parte da comunidade e, como tal, reduz o que se chama de fricção em termos econômicos: faz com que seja mais fácil e rápido fazer transações. Elas podem ser monetárias (vender um serviço para um coworker ou entre eles) ou gratuitas (mas valiosas, como um ajudar o outro com sites, anúncios etc.). A confiança também reduz a carga de trabalho. Na maioria dos espaços de coworking você encontrará comportamentos baseados na confiança, como caixinhas para pagar pelas bebidas. Isto reforça a confiança e também reduz os recursos que você tem que comprometer.

Confiança aumenta o valor: os coworkers vão colaborar mais entre eles se eles confiam uns nos outros.

Se os seus coworkers gostarem do que você faz por eles e do que você oferece, eles falarão de você e serão os seus melhores embaixadores. Ajude-os a te ajudar.

RELEVÂNCIA, LINGUAGEM E PALAVRAS-CHAVE

Você tem que falar a língua do seu público-alvo e usar as palavras que eles usam. Você tem que ser relevante para eles e para suas necessidades. Com a linguagem, não estou me referindo a Português, Inglês e outras: eu me refiro às palavras que eles usam.

Se tem um termo que eles não entendem ou conhecem (como coworking), você tem que fazer um esforço extra para chegar até eles antes de enviar outras mensagens. Se a mente deles está ocupada tentando entender o que você disse, eles não podem também estar prestando atenção no que você diz.

Usar as palavras certas no seu site, nome e redes sociais te ajudarão também a passar a mensagem e destacá-la, porque ela
é importante para o seu público. Quando você vir as pessoas
falando sobre palavras-chave e mecanismos de busca, elas estão
falando sobre isso – sobre as palavras que o público-alvo usa em
sua pesquisa. Como princípio básico, as palavras mais importantes e relevantes vem primeiro, ou o mais perto possível do início.

Usar palavras-chave relevantes não quer dizer que você tem que
ser um robô. Seja criativo e lembre-se que enfiar um monte de
palavras em uma frase é inútil se você não conseguir o engaja-
mento do seu público com isto, nem que seja para clicar em um
link para ver sobre o que é.

Muitas empresas caem na armadilha de utilizar suas linguagens
internas quando tentam alcançar os seus clientes. Quando você
está mirando o público de uma determinada indústria ou o público
da sua empresa, você pode utilizar esta linguagem, e em nenhum
outro lugar mais. Mesmo assim, você deve tentar usar palavras
que todos entendam.

Tem uma discussão acontecendo sobre o uso de coworking versus
co-working. Até onde a comunidade do coworking enxerga, não
há discussão[46]: é escrito sem o hífen.

ONDE VOCÊ PODE ACHAR CONTEÚDO?

Tem conteúdo que vale compartilhar por todos os lados. Às vezes
podem até ser notícias suas: você está realizando um evento no

---

46.   Hífen? http://doescoworkinghaveahyphen.com

seu espaço, você está lançando um novo projeto, você tem ideias sobre o negócio e o que está acontecendo e sendo dito, coworkers estão realizando coisas inovadoras em suas áreas de atuação etc.

O conteúdo pode ter diversos formatos (textos, fotos, vídeos, desenhos) e assuntos: você pode dar destaque a um(a) coworker ou uma notícia sobre a empresa dele(a); você pode compartilhar depoimentos sobre o porquê de trabalhar no seu espaço; você pode explicar o que é coworking; você pode fazer um tour pelo espaço etc. São várias possibilidades. Se você não sabe sobre o que usar, preste atenção no que os seus clientes estão falando e com o que eles se importam. Veja também o que outros espaços de coworking estão fazendo – isto te dará muitas ideias. A maioria dos coworkers é freelancers; compartilhe informações sobre assuntos importantes para freelancers.

Promover seus coworkers é uma ótima maneira de promover seu espaço. Não somente você está apenas permitindo que as pessoas que não te conhecem saibam o que está acontecendo e que tipo de pessoas trabalha no seu espaço, também é uma prova social de que os outros acham o seu espaço interessante e seus serviços valiosos. Consequentemente, trará mais pessoas para o seu espaço. Seus coworkers ficarão felizes porque você os ajudou (e se ajudou também) e isto pode acabar levando a uma oportunidade profissional para eles que pode ser assunto pra outro artigo.

Duas listas de vantagens e desvantagens do coworking podem ser encontradas nos anexos, para te ajudar a rascunhar seu site e material de marketing[47]. Elas relatam as necessidades e medos dos seus potenciais clientes.

MARKETING CRUZADO

Você pode utilizar várias ferramentas e mídias diferentes para promover o seu negócio. Use-as a seu favor realinhando alguns conteúdos e fazendo com que um canal promova o outro; adicione links para suas redes sociais e também para o seu site, vídeos, posts em blogs, tweets, atualizações de status etc. Por exemplo: você enviou um vídeo para o YouTube e fez um post sobre isso no seu blog; então, compartilhe o post no Facebook e Twitter; no post do blog, coloque o link para o vídeo pedindo que as pessoas assinem o seu canal; adicione seu site e redes sociais na descrição do vídeo e em legenda no próprio vídeo, incluindo link para todas as suas páginas na internet e para alguns vídeos.

Você não pode apenas copiar e colar o texto em todos os lugares. Um post completo no blog não vai caber nos 140 caracteres de um tweet, mas você pode fazer vários tweets interessantes que apontem para o post original, com o título do post e frases importantes do texto. A mesma coisa acontece ao contrário: um tweet não é um post para blog, mas você pode desenvolver a ideia e até fazer um vídeo. Um e-mail pode ser um bom início para um post e vice-versa.

---

47. Estas listas também são atualizadas no blog se você quiser adicionar ou discutir sobre algo: http://coworkinghandbook.com/ advantages-benefits-coworking-list/ e http://coworkinghandbook.com/ downsides-of-coworking-and-how-to-reply-mega-list/

Promoção cruzada não é apenas para os seus canais, é também para divulgar os outros e ser divulgado por eles. Escrever "post de convidado" em um blog ou jornal conhecido é uma forma excelente de atingir um público sem precisar criá-lo. Trazer escritores relevantes para o seu blog é uma ótima maneira de divulgar outras pessoas e ter conteúdo interessante sem precisar produzí-lo.

AGRADECIMENTO E RECOMPENSA

Existem várias maneiras de agradecer e retribuir aqueles que te ajudam a divulgar seu conteúdo. A melhor forma é agradecer pessoalmente e dar os créditos pela contribuição. Você também pode compartilhar e divulgar o conteúdo deles e dar uma mão quando precisarem. É um caminho longo até que se construa uma relação que seja mutuamente benéfica no longo prazo. Um simples retweet ou curtir uma publicação no Facebook pode ajudar muito.

Você não perde a popularidade porque insere um link para alguém no seu site; na verdade, isto ajuda você e eles. A mesma coisa serve para Twitter, Facebook, LinkedIn etc. Ajude e seja ajudado!

COMUNICAÇÃO INTERNA

Nem todo o marketing é sobre comunicação externa e divulgação. Você também precisa se comunicar com os seus coworkers, clientes, equipe, fornecedores e investidores, variando a frequência, assunto e ponto de vista. Seus coworkers podem querer saber sobre uma novidade que você implementou no seu espaço, enquanto os investidores estão mais interessados na performance do espaço. Se você se comunicar frequente e verdadeiramente, tudo correrá bem, você terá uma relação mais forte caso algo dê errado e isso te ajudará de muitas formas.

EVENTOS COMO FERRAMENTA DE MARKETING

Eventos não são apenas uma possível fonte de renda, são também ótimas ferramentas de marketing. Eventos podem trazer muitas pessoas para o seu espaço. Eles conhecem a premissa do coworking e adicionam o seu espaço no "mapa mental" deles. Eventos aproximam o seu espaço das pessoas que participam deles. Repentinamente, pessoas que nunca pensaram em você começarão a considerar se juntar ao seu espaço. Outros reforçarão a intenção de se juntar. Outros apenas falarão sobre você e esta nova ideia doida chamada coworking para seus amigos, que podem se tornar membros e indicar os amigos para conhecer.

Os eventos que geram receita podem gerar também novos coworkers. Os eventos que não geram receita podem trazer novos coworkers e divulgar eventos pagos. Eles também vão reforçar a presença da sua marca e comunidade, como patrocinador e promotor. Todos os eventos podem ajudar a agregar valor à sua comunidade e criar uma oportunidade para networking e serendipidade.

Você deve utilizar os eventos ativamente para divulgar o seu espaço. Não estou dizendo que você deva ser um chato pedindo para as pessoas virarem coworkers o tempo todo, em cada evento, mas você deve explicar brevemente o que você faz. As pessoas vão fazer perguntas e te dar a oportunidade de ir do interesse no seu espaço para o desejo de frequentá-lo. No mínimo, os organizadores deveriam incluir um link para o seu espaço e fazer um agradecimento a você na apresentação ou com algumas palavras sobre você.

Você organizará alguns eventos por conta própria, mas você deve tentar trazer organizadores de outros eventos. Se não tem nenhum em sua cidade, ajude no surgimento destes profissionais e apoie a criação de novos grupos de interesse e eventos. Quando você conversar com alguém que tenha ideia de talvez criar um destes eventos, diga que você o apoiará e cederá o espaço gratuitamente.

Se proteja, deixando claro quem é o responsável caso tenha algum problema e você terá organizadores ainda mais responsáveis. Um simples e-mail descrevendo as condições de uso do espaço pode ser o suficiente.

Comparecer aos eventos de outras pessoas e se apresentar neles pode ser uma grande oportunidade de divulgar o seu espaço. Saia do prédio e seja visto. As conferências de coworking são ótimas para conhecer outros donos e gestores e para aprender melhores práticas – mas não para conseguir novos clientes. Vá a reuniões onde freelancers e empreendedores se encontram, se apresente e descubra o que cada um está fazendo. Interesse genuíno fará com que os outros fiquem mais interessados na sua história também.

COMO ESCREVER

Existem centenas de livros sobre como escrever e mesmo se lermos todos, nós ainda teríamos estilos diferentes e escreveríamos sobre coisas diferentes.

O que importa é que você escreva de uma forma fácil de entender, o mais sucinto possível, em uma linguagem comum ao seu público e sempre começando com o que é mais importante para eles.

Escrever de forma simples e curta não é "idiota"; na verdade é muito mais difícil do que escrever um texto longo e complicado. Dizer o que você faz em uma única frase que todos entendam demanda muito esforço. Faça isso. Aprenda a fazer um pitch de si mesmo e dos outros (ótimo para introduções) e diga o que é importante (Ex: X é um espaço de coworking que ajuda freelancers profissionais a desenvolver o seu negócio conectando-os a clientes e talentos). Você não precisa utilizar a fórmula clássica do jornalismo (Quem?, O Quê?, Quando?, Como? e Por quê?), mas o seu ouvinte pode ter uma ideia do que você faz, ficar interessado e começar a fazer perguntas.

Você não quer compartilhar tudo, o tempo todo. Você pode fazer com que algumas mensagens alcancem o seu público de um jeito significativo. Uma mensagem única e forte é a melhor forma. Foque no que é mais importante para o seu público e abra as portas para perguntas e uma conversa.

No jornalismo você sempre aprende sobre a pirâmide invertida. Quer dizer que você deve sempre começar com o que é mais importante até o menos importante, progressivamente. Desta maneira, se o seu público perder o interesse, maiores são as chances de que ele absorva a mensagem principal, o que realmente importa. Um típico exemplo do que não deve ser feito é começar um artigo ou publicação no blog com seu perfil e histórico; Isto deve estar no final, em um link para o seu perfil, ou em lugar nenhum.

Esqueça os superlativos, limite os adjetivos. Se você tiver que enfeitar as suas frases tanto, você não deveria estar escrevendo sobre qualquer que seja o assunto que você esteja escrevendo.

SEU SITE

Seu site é onde a maioria dos seus clientes vai aprender sobre você. Eles vão acessar através de uma busca no Google, um link de redes sociais ou uma das suas campanhas de marketing. Ele é muito importante para o seu negócio, então tenha muito carinho com ele. Você não precisa complicar as coisas, mas você deve ter certeza de que os visitantes achem fácil entender a sua oferta de atração – e se inscrevam!

Configurando o seu site

Um site básico é bem simples de se configurar, você não precisa de nenhum conhecimento técnico. Você pode usar o Wordpress[48] ou qualquer outro serviço[49]: não precisa instalar nenhum programa. Na verdade, você não precisa nem ter ainda o seu próprio endereço de internet (conhecido também como domínio ou URL): você pode apenas configurar a página e começar a colocar conteúdo, as palavras, fotos e vídeos que você usará para passar informações para os interessados e membros que utilizarão o seu site e para influenciá-los a contratar os seus serviços. Se você nunca usou

---

48. WordPress é um dos padrões para sites e blogs: http://wordpress.com. O .com é o serviço hospedado por eles, e o .org é o software que você pode baixar.
49. Alguns serviços simples de publicação online de websites são http://www.wix.com, http://www.weebly.com, e para páginas únicas temporárias http://checkthis.com.

um destes serviços, fique tranquilo, eles são muito mais fáceis do que você imagina.

Você também pode rodar o seu site do seu próprio servidor. Muitos espaços utilizam softwares livres como Wordpress[50] ou Drupal[51]. Eles não são tão difíceis de instalar e você geralmente encontra alguém no seu círculo de amigos que sabe como configurá-los, apenas siga as instruções que eles dão e você conseguirá fazer isso por conta própria. A maioria dos provedores de hospedagem também oferece instalações automatizadas simples.

O nome de domínio

Se você ainda não comprou o nome de domínio para o seu negócio, você tem que fazer isso o mais rápido possível. Bons domínios são difíceis de se conseguir e tendem a ser muito procurados, logo podem desaparecer rapidamente, principalmente se forem domínios .com. A boa notícia é que eles são relativamente baratos (entre R$ 30,00 e R$ 45,00) e você pode comprar vários, só para ter certeza que tem as suas opções de marca garantidas e para dificultar que futuros competidores consigam um bom nome.

Se você que aproveitar a palavra coworking para ter uma pontuação mais alta nas buscas, ter ela no domínio ajuda, mas não é primordial; neste caso, é melhor usar coworking mais o nome da sua cidade como em coworkingbrussels.be, coworkingbruxelles. com (com a cidade pronunciada em francês), e coworkingsevilla. com.

---

50. O WordPress gratuito para baixar que serve de base para grande parte dos sites: http://wordpress.org/
51. Drupal é outra potência da Internet: https://drupal.org/

Para este livro, eu não tinha ideia de como eu ia chamá-lo, então eu comprei muitos domínios com as combinações de palavras que eu gostava. Após decidir por coworkinghandbook.com, eu redirecionei os outros domínios para este.

Se o nome que você gostou não está disponível, você tem três opções:

- Comprá-lo do dono atual;
- Registrá-lo com uma terminação diferente (ex.: comprando um domínio .co ou .com.br ao invés de .com);
- Mudar o nome ou acrescentar uma combinação de palavras.

Se você quer comprar do dono, tenha certeza de que está lidando com o dono real e se a quantia for significante, use um serviço de garantia como o oferecido pela SEDO[52]: eles atuam como inter-mediários por uma pequena taxa, para garantir que a outra parte receba o dinheiro e você receba o domínio.

Conteúdo

Quando você estiver montando o seu site, pense sempre nos usuá-rios, da mesma forma que você faz com qualquer outro material de marketing. São eles que navegarão no seu site para fazer o que quer que tenham que fazer, então faça com que seja bem fácil encontrar informações básicas sobre você, como entrar em contato e como se inscrever no seu espaço.

---

52. SEDO é um serviço renomado para comprar e vender domínios: http://sedo.com

Pesquise os sites dos outros espaços de coworking na sua região e ao redor do mundo e você vai conseguir ótimas ideias sobre o conteúdo, estrutura, apelo visual etc. Mas não perca muito tempo fazendo uma pesquisa comparativa – ter um site agora é muito mais importante do que ter um site perfeito no futuro. O site vai te ajudar com SEO e você fará melhorias muito mais rápido após tê-lo publicado.

Esta é a estrutura de um site básico de um espaço de coworking:

- **Página inicial:** faça uma introdução, explicando os serviços que você oferece e pra quem. Você deve incluir fotos do seu espaço e, se possível (mas não é necessário), um vídeo mostrando o espaço.

- **Preço e inscrição:** mostre os planos que você oferece e acrescente um botão para se inscrever em cada um deles. Facilite ao máximo! Você pode validar estas inscrições quando quiser (automaticamente, pessoalmente, após checar os perfis online da pessoa), mas você deve permitir que seja confiável e fácil para você conseguir as informações. Um simples formulário do Google Documents[53] pode ser suficiente.

- **Termos e condições:** na maioria dos países, este é o contrato que rege o relacionamento com os clientes. Faça com que sejam fácil de se entender e use a linguagem mais clara possível. Leia os termos e condições dos outros espaços de coworking. Se você quer que os clientes assinem um contrato escrito para se juntar ao seu espaço,

---

53. Google docs está disponível em: http://drive.google.com

mencione isto nos termos e condições e também no site no momento da inscrição (pode ser uma linha de texto no formulário) e no e-mail que eles recebem confirmando a inscrição.

- **Inscrição para diária grátis e visitas:** grande parte dos espaços oferece uma diária gratuita para os interessados; é importante fazer com que eles se inscrevam para uma data específica. Você quer conseguir, pelo menos, o nome, sobrenome e e-mail deles e, se possível, o telefone caso precise entrar em contato no último minuto. Se você não oferece diárias gratuitas, você provavelmente organiza visitas marcadas. Quando as pessoas se inscrevem, há uma chance maior delas aparecerem e você sempre terá as informações de contato para falar com elas.

- **Coworkers:** no início você não terá nenhum coworker para acrescentar, mas é muito importante para o sucesso do seu espaço mostrar rostos sorridentes dos coworkers; fornece uma prova social e uma percepção melhor da sua comunidade. Insira a sua equipe aqui e também alguns amigos e pessoas influentes que tenham passe VIP (com o consentimento deles, claro).

- **Eventos:** se você organiza eventos no seu espaço, você pode criar e incluir um calendário para facilitar que as pessoas saibam o que está rolando e quando. Se você está alugando espaço para eventos, você deve mostrar fotos, informar as dimensões, condições de reserva etc. Inclua um formulário para que entrem em contato já informando quais são as necessidades (tamanho da sala, lugares disponíveis, configuração do espaço etc.).

- **Fotos:** acrescente várias fotos do espaço. Você não precisa de fotos profissionais, mas se forem, te ajudam e não custam tanto. Muitos de nós começamos com as fotos dos nossos smartphones e continuamos usando-as. A qualidade dos smartphones atuais é mais do que suficiente. O que você não pode comprar é o olhar artístico do fotógrafo, mas você também não precisa produzir a próxima obra de arte fotográfica.

- **Blog:** o blog é a maior fonte de notícias sobre o seu espaço e sobre as coisas sensacionais que estão acontecendo nele.

- **Ajuda:** faça com que seja fácil para os interessados e membros terem ajuda rapidamente e você terá mais pessoas se inscrevendo. Você pode direcioná-las para o seu formulário de contato, informar o seu telefone, e-mail etc. Você também pode ter uma página de "Dúvidas frequentes" para as perguntas mais comuns; vai poupar tempo para você e para seus clientes. Uma ferramenta de chat como SnapEngage[54] pode ser bem útil para auxiliar os visitantes online que tiverem dificuldades para se inscrever ou para achar uma informação específica.

- **Contato:** adicione um formulário de contato (se você quiser colocar o seu e-mail, coloque como uma imagem para dificultar que enviem spam), seu endereço, telefone, e-mail, um mapa[55] para localizarem o seu espaço e instruções de como chegar.

---

54. Ferramenta para chat ao vivo http://snapengage.com. Verifique o plano grátis para startups.
55. Google Maps facilita muito inserir mapas no seu site: http://j.mp/embedmap

BLOG

O blog é uma parte fundamental da sua estratégia de marketing. É a sua própria vitrine e é uma ferramenta muito importante para levar pessoas regularmente ao seu site com conteúdos novos. Você deve escrever uma vez por semana, pelo menos, mas se você não puder, não se culpe: continue publicando o mais frequente que você puder.

Tem muita coisa acontecendo em um espaço de coworking. Fique de olho aberto e você terá material para compartilhar no blog e nas mídias sociais. Quando você estiver abrindo o seu espaço, você pode publicar atualizações sobre o progresso das obras e montagem dos móveis; depois, você pode falar sobre as conquistas (primeiros 10 membros!); depois, sobre os eventos acontecendo no seu espaço... Você também deve publicar novidades e informações sobre os seus coworkers: eles são um ativo fundamental do seu espaço e ao ajudá-los com uma pequena divulgação, você estará fazendo o seu trabalho.

Também há conteúdo que não está associado ao seu espaço: procure por assuntos que são interessantes para o seu público-alvo, freelancers e pequenas empresas, como dicas para freelancers e empreendedores. Estas são publicações muito compartilháveis!

Quando você estiver sem ideias, dê uma olhada nos blogs e mídias sociais dos outros espaços de coworking e publicações interessantes. Se você ficar inspirado pelos seus conteúdos, cite-os e inclua um link para mostrar seu apreço e sua ética.

Eventos são uma grande fonte de conteúdo. Você pode (e deve) falar sobre eles antes, durante e depois do evento. Você terá fotos e frases para compartilhar, você pode gravar vídeos das apresentações, entrevistas com os apresentadores e espectadores, fazer uma transmissão ao vivo etc. E isso tudo pode ir pro seu blog, seu calendário, sua rede social e/ou seu informativo.

O formato mais importante para a sua comunicação é a palavra escrita, que pode ser facilmente destacada, copiada e colada para citações e compartilhamento, e é totalmente indexável por mecanismos de busca. Fotos são ótimas informações de apoio, mas sem um título e pelo menos uma descrição curta, elas podem dificultar para os seus leitores descobrirem o que está acontecendo. Vídeo é útil, mas se não for muito visto, você sempre terá muito mais visualizações das páginas que contém o vídeo do que do vídeo propriamente dito, a não ser que você consiga transformá-lo em um super viral (que é como ganhar na loteria; não conte com isso).

Quando você publica um vídeo, escreva também algo sobre o próprio vídeo. Você não precisa descrever todo o vídeo (que seria útil), mas pelo menos inclua uma descrição do conteúdo do vídeo, com os "que" e "quem".

O que importa sobre a maior parte do conteúdo visual é que deve ser autêntico. Não use fotos de banco de imagens! Elas parecem e soam forçados e reduzirão a sua credibilidade. Uma foto mal tirada no seu telefone de algo real no seu espaço é melhor que uma foto de banco de imagem sempre. Se você conseguir os serviços de um fotógrafo profissional, não conte com essas fotos para todo o conteúdo, você não terá fotos suficientes; utilize estas fotos para a seção principal do site e use o máximo possível de fotos reais para as publicações do blog e mídias sociais. Claro, você pode fazer uma publicação especial com todas as fotos. Tirar boas fotos não é tão difícil[56].

Quando falamos sobre as ferramentas, não se preocupe em comprar uma câmera profissional para imagens e fotos: os smartphones atuais são bons o suficiente. Se você realmente gosta de fotografia, provavelmente já tem um bom equipamento: use ou pegue emprestado. Se você vai usar uma vez somente, alugue. A mesma coisa vale para o software, o GIMP[57] é grátis e bem poderoso.

Uma vez que você tenha um vídeo novo, faça o upload para o YouTube[58]. Aqui é onde a maioria dos espectadores está e onde você vai atingir mais pessoas. Acrescente títulos e descrições relevantes para ajudar a acharem o vídeo e não esqueça de adicionar um link para o seu espaço, tanto no vídeo e na descrição. Se você não quer editar o vídeo, apenas adicione na descrição. Se você for fazer o upload do mesmo vídeo para múltiplas plataformas, facilite a sua vida utilizando o OneLoad[59]. O melhor é manter em uma plataforma, YouTube, onde a maior parte dos espectadores vai visualizar. Veja qual plataforma direciona mais visualizações de vídeos no seu país e região.

---

56. Dê uma olhada neste ótimo guia básico de fotografia para melhoras as suas fotos: http://lifehacker.com/5815742/basics-of-photography-the-complete-guide
57. GIMP é um programa de manipulação de imagens: http://www.gimp.org
58. Aqui estão instruções sobre como enviar seus vídeos para o YouTube: https://support.google.com/youtube/answer/57924?hl=en
59. Eu usei o OneLoad por muitos anos para enviar vídeos a várias plataformas: http://www.oneload.com

MÍDIAS SOCIAIS

O serviço que você oferece e os eventos que você organiza direcionarão grande parte do seu marketing boca-a-boca. Para o resto, você utilizará redes sociais como Facebook, Twitter, Instagram e Foursquare.

O que você deve ter em mente é isto:

- Você está conversando com seres humanos;
- Você tem que facilitar o compartilhamento (facilitar muito) e tem que lembrar as pessoas de compartilharem (nos eventos, com cartazes, pedindo aos clientes e amigos etc.);
- Ninguém vai interagir com você se você não completar o seu perfil (não esqueça de adicionar uma imagem do seu rosto sorridente, da sua equipe ou da sua logomarca, nesta ordem de preferência).

No início, você não terá um público, então o quanto antes você começar a construí-lo, melhor. Comece usando os canais que você já tem, como sua conta pessoal nas redes sociais ou outros empreendimentos que você já tenha. Inclua links para suas mídias sociais no seu site, convide seus contatos para seguirem e serem amigos na plataforma de sua escolha e adicione os links em sua assinatura. É um trabalho sem fim, mas compensa. Você vai crescer de pouquinho em pouquinho, todos os dias.

Todos nós temos personalidades diferentes e isso reflete em nossos perfis nas redes sociais. O seu espaço vai desenvolver uma personalidade também, que vai evoluir como a sua, e que igualmente vai refletir na presença do seu empreendimento nas redes sociais. Não se preocupe muito em definir isso tudo no início – deixe crescer e evoluir com você.

Cada plataforma trabalha de forma diferente e tem diferentes restrições sobre o tamanho do texto, formato das fotos etc., então você tem que adaptar o seu conteúdo para as diferentes plataformas. Por exemplo, se você escreveu um novo texto para o seu blog, você pode compartilhar o título e algumas frases no Twitter com um link para o artigo, usar a mesma frase ou um texto mais longo no Facebook e compartilhar uma imagem do artigo via Instagram com uma frase curta e um link para o texto.

Ao contrário do que algumas pessoas dizem, estas plataformas online podem ser cheias de informações interessantes e não te demandam muito tempo. Com a ajuda de algumas ferramentas[60] e as atualizações dos diferentes serviços quando alguém te menciona, você pode ser bem eficiente no uso das redes sociais. Apenas mantenha o seu smartphone na mão e esteja sempre à procura de coisas que possam ser interessantes de compartilhar com o seu público. Você é um caçador de notícias, sempre buscando o seu próximo troféu.

Twitter

Eu amo o Twitter.

Quando você estiver usando o Twitter[61], você tem que ser breve, mas isso não quer dizer que você não pode ser criativo. Você pode compartilhar fotos do que está acontecendo em tempo

---

60. Veja a lista atualizada de ferramentas: http://coworkinghandbook.com/tools/
61. Twitter, o mundo em 140 caracteres ou menos: http://twitter.com

real, ou frases do seu blog ou de artigos de outras pessoas, você pode (e deve, de vez em quando) provocar seus seguidores com publicações intrigantes, e você pode compartilhar muitas coisas interessantes de outros espaços, dos seus clientes, de outras empresas e de outras pessoas com um simples retweet[62].

É difícil dizer o que é uma boa quantidade de tweets. Alguns tweets por dia não vão machucar ninguém. Quando estiver em um evento, você pode citar como um louco e seus seguidores vão gostar disso (eles vão retweetar seus tweets e trazer novos seguidores). O que não funciona, nem no Twitter nem em qualquer outra rede social, é ficar à espreita, sem compartilhar nada até o dia que você deseje fazer o seu grande comunicado. Esta é uma receita para o fracasso.

Você deve compartilhar algumas coisas mais de uma vez no Twitter. Quando você compartilhar o mesmo artigo do blog várias vezes, tente mudar o texto do tweet, começando com o título da publicação e depois usando frases do texto.

Quando você está começando, a melhor maneira de conseguir alguns seguidores é seguindo outras pessoas[63]. Nem todas vão te seguir de volta, mas algumas seguirão. Além disso, você encontrará conteúdos interessantes deles que você pode compartilhar, e você também terá a oportunidade de discutir com essas pessoas as coisas que importam pra você e para o seu espaço de

---

62. Não use os retweets antigos (aqueles que começam com as letras RT) a não ser que você esteja acrescentando um texto antes disso: retweets nativos são mais fáceis de ler. Não polua a linha do tempo dos seus leitores com a sua cara e mais pessoas prestarão atenção no que você compartilha.
63. Quando você atingir o limite de seguidores no Twitter, use uma ferramenta como http://manageflitter.com para deixar de seguir todos aqueles que não te seguem de volta. Você sempre pode adicioná-los novamente depois.

coworking. Se você não sabe quem seguir, veja as listas, quem está seguindo outros espaços de coworking e seus coworkers, e quem eles seguem.

Quando novos clientes entrarem para o seu espaço, pergunte se você pode fazer um tweet sobre isso (ou usar outra rede social) e marque o Twitter dele para dar as boas vindas. Isto ajuda o seu marketing com uma prova social e vai transferir um pouco do carinho de seus amigos e seguidores para a sua marca.

Lembre-se que estamos tendo uma conversa quando lidamos com Twitter e qualquer outra rede social; não use como uma via de mão única. Responda às pessoas que te mencionam, compartilhe, retweet, marque como favorito.

Uma coisa que é frequentemente negligenciado é que o Twitter é uma ferramenta de acesso excelente. É fantástico como forma de entrar em contato com pessoas que você não tem um e-mail ou número de telefone. Muitas pessoas importantes e ocupadas gerenciam pessoalmente seus Twitters e vão te responder; seja breve, educado e objetivo e você pode conseguir o e-mail, telefone e alguns bons momentos com eles.

Facebook

Eu amo o Facebook

Facebook[64] é um grande local para interagir e compartilhar. Mais de um bilhão de pessoas no mundo são usuários ativos (não

---

64. A maior rede social do mundo é o Facebook e seus usuários são muito ativos: http://facebook.com

apenas inscritos, ativos!) e grande parte deles acessa várias vezes ao dia.

Você deve criar uma página para o seu espaço (uma página, NÃO um grupo ou um perfil pessoal). Adicione fotos, suas informações profissionais e de contato, e convide seus amigos e clientes para curtir a página. Apenas uma fração das pessoas que curtem sua página irão ver suas publicações e se eles interagirem com as publicações (curtindo, comentando ou clicando), mais seguidores e amigos deles poderão ver suas publicações também. Quanto mais pessoas interagirem com suas publicações, mais pessoas verão. Esta é uma das coisas que o Facebook leva em consideração para descobrir se o seu conteúdo é relevante para outros usuários.

As pessoas no Facebook respondem muito bem a fotos, então compartilhe muito e não esqueça de incluir visualizações dos links que você compartilhar, para que as pessoas possam ver as imagens diretamente de dentro do Facebook sem que precisem clicar em um link para ver o conteúdo que você está compartilhando.

No Facebook você sempre deve focar em publicar menos que no Twitter. Não publique cada tweet sempre no Facebook (muito menos retweets!), mas mantenha um fluxo regular de informação. Se você publicar o mesmo link várias vezes no mesmo dia, todas as suas publicações serão reunidas e apenas uma deles será mostrada, então a lógica aqui é um pouco diferente do Twitter, onde publicar o mesmo link várias vezes e com textos diferentes te ajudará a conseguir mais clicks e visibilidade. De uma a três publicações por dia está muito bom.

Foursquare

Foursquare é ótimo para que os amigos dos seus membros saibam que eles estão no seu espaço e vejam fotos que seus membros compartilhem. Para você é ótimo para adicionar fotos no perfil da sua empresa no Foursquare e compartilhar imediatamente via Facebook e Twitter. Estas fotos serão exibidas para quem clicar no link dos seus membros, além das fotos dos seus amigos, que são ótimas para mostrar o astral e movimento no seu espaço[65]. Alguns membros vão se tornar competitivos para se tornarem prefeitos do seu espaço de coworking no Fousquare – deixe eles serem e recompense-os; eles estão divulgando o teu espaço para o círculo de amigos deles através das mídias sociais e criando uma nova experiência para conectar com outros coworkers e falar sobre eles.

Outras redes

Existem muitas outras redes sociais e plataformas que são pouco utilizadas ou tem pouca interação (como Google+, LinkedIn e Pinterest). Utilizá-las ou não depende do seu público-alvo, seus interesses e habilidades, e sua vontade de experimentar. O melhor é tentar, porque é assim que você vai descobrir se elas são boas pra você ou não. Use uma ferramenta para compartilhar a mesma informação em várias redes e reduza seus esforços na hora de publicar.

---

65. Veja a página no Foursquare do Betacowork, o que essas imagens te dizem: http://j.mp/fsbetacowork

Mídias sociais

Ferramentas para facilitar o seu trabalho

Existem algumas ferramentas que facilitarão o seu trabalho, permitindo que você publique em várias redes sociais ao mesmo tempo e separe suas mensagens publicando-as em horários diferentes se você prepará-las dentro de um tempo limite. Meus favoritos são Buffer[66] e Hootsuite[67]. Ambos permitem o gerenciamento de várias contas no Twitter, Facebook, LinkedIn e Google+ (eles também podem lidar com diferentes contas da mesma rede social), agendando publicações e adicionando estas publicações todas para serem lançadas automaticamente de acordo com uma programação diária.

Estas ferramentas também oferecem a vantagem de não exigir que você compartilhe o seu login e senha com membros da sua equipe. Isso pode ser muito importante se algo der errado.

E-MAIL MARKETING

E-mail é uma ferramenta de marketing muito poderosa, desde que você tenha como premissa fundamental a permissão do destinatário. A caixa de entrada é sagrada e tende a transbordar. Quando te dão permissão para que você escreva para eles com as informações da sua empresa, eles abriram uma importante porta pessoal para você. Não estrague isso. Seja breve, com um

---

66. Buffer é a minha ferramenta de publicação favorita: http://bufferapp.com
67. Para ver o que está sendo publicado e dito em diferentes contas, eu uso: http://hootsuite.com

título relevante, objetivo e fácil de visualizar. É melhor enviar um e-mail muito pequeno do que um e-mail muito grande.

Assim que o seu site estiver no ar, faça com que seja fácil para que as pessoas te deem seus e-mails para serem informadas sobre novidades no seu espaço e eventos. Você pode fazer isso facilmente com um formulário do Google Docs ou com os formulários web fornecidos por serviços de e-mail marketing como MadMimi e MailChimp[68].

A primeira coisa que você deve prestar atenção quando ajustar os seus esforços com e-mail marketing é a sua própria assinatura de e-mail. Toda vez que você envia uma mensagem é possível acrescentar uma assinatura que contenha suas informações de contato e links para o seu site e redes sociais. Você também pode acrescentar mensagens de marketing e banners com links para estas mensagens.

Outras coisas são os e-mails que você envia automaticamente quando alguém entra em contato e você está fora do escritório, ou quando alguém usa o formulário de contato no seu site, confirmação de inscrição para eventos etc.

Após uma pessoa se inscrever para uma diária gratuita, você deve enviar um e-mail para saber se correu tudo bem, para oferecer ajuda para que ele se torne um cliente e, ocasionalmente, para pedir para escrever uma avaliação do seu espaço.

---

68. MadMimi http://madmimi.com e MailChimp http://mailchimp.com são fáceis de usar e oferecem planos grátis para listas de e-mails maiores do que a maioria dos espaços de Coworking vão utilizar.

Boletins de notícias (newsletter) pode demandar muito quanto ao conteúdo. A maneira mais fácil de criar um é apenas enviar o conteúdo do seu blog regularmente (você pode configurar para que seja feito automaticamente utilizando o RSS feed). Alguns espaços esperam até terem um evento importante para anunciar para enviar a newsletter e nessa ocasião acrescentam outras informações e eventos.

Não esqueça que você tem dois públicos aqui: seus membros e as pessoas que demonstraram interesse no seu espaço de Coworking. Nem todas as informações que você tem são para os dois públicos.

Para interagir com seus membros, fóruns como Google Groups[69] são bem úteis e você pode compartilhar com eles uma publicação interessante de vez em quando. É melhor enviar a eles a informação antes que ela seja pública, mas se você não puder ou esquecer, é melhor enviar, de qualquer jeito.

SEO – SEARCH ENGINE OPTIMIZATION

Um dos maiores direcionadores de novos visitantes para o seu site serão mecanismos de busca como Google, Bing e Yandex. Qual desses buscadores leva mais tráfego para o seu site depende muito da sua area geográfica. Na Europa e EUA, a maior parte do tráfego é por meio do Google, então este é o buscador que eu dou mais atenção.

---

69. Google Groups não são bonitos, mas funcionam bem https://groups.google.com/

O que você deve se lembrar é que com SEO[70] você está tentando ajudar os computadores a te ajudar, enviando pessoas com buscas interessantes para a sua página. O trabalho deles é mostrar os resultados mais relevantes para o usuário que está utilizando um mecanismo de busca o mais rápido possível. Pense em você mesmo quando está realizando uma busca: você quer que o primeiro resultado seja aquele que vai te ajudar, aquele com as informações que você está buscando.

O segredo aqui é ser relevante para o usuário final. Você tem que se colocar no lugar deles e usar a linguagem deles (sim, a linguagem deles, as palavras deles – não as suas). O quanto mais perto você estiver de oferecer exatamente o que eles estão procurando, maiores são as chances de você ser o primeiro resultado da busca.

A relevância é aplicada aos mais minúsculos bits de informação. Onde quer que você precise usar uma palavra (links, títulos de publicações e vídeos, textos ou nomes de imagens e arquivos), utilize as palavras que melhor descrevam o conteúdo, com o que for mais importante antes, e da mesma forma que for digitado no campo de pesquisa. Tome cuidado para não parecer uma máquina ou escrever coisas que não tenham sentido, especialmente no título e texto; você precisa ser atraente e interessante o suficiente para que as pessoas decidam que você vale o tempo delas para clicar e ler o conteúdo. Use sinônimos e não tenha medo de colocar um link para outras coisas que você ache interessante.

---

70. Para iniciar com SEO, a especialista Aleyda Solis recomenda:
http://moz.com/beginners-guide-to-seo
http://www.quicksprout.com/the-advanced-guide-to-seo/
http://www.allseoguidelines.com/
http://blog.woorank.com/2014/01/seo-process-success/

Para melhorar o SEO básico do seu site você pode usar o Woorank[71] para gerar um relatório gratuito e obter dicas que também vão te ajudar a melhorar o seu site e aprender o básico.

PUBLICIDADE

Publicidade tradicional em jornal, rádio e TV não funciona e é muito cara. Seu trabalho de relações públicas com jornalistas vai ter muito mais retorno e mesmo assim você notará que até este retorno não é tão bom em termos de cliques e visitantes.

Para um melhor retorno sobre o investimento (ROI), você pode usar publicidade online (a maior parte através do Google Adwords[72]), mas não gaste muito aqui. Sua maior fonte de clientes será por meio do marketing boca-a-boca e eventos.

Muitos espaços distribuem panfletos nos eventos. Não esqueça de adicionar suas informações de contato, seu site e tente atraí--los para o seu espaço, com uma chamada para ação (como "Se inscreva para uma diária gratuita"). O que você pode esquecer é fazer um envio tradicional pelo correio – muito caro e disperso.

PRECIFICAÇÃO

Precificação é parte do seu produto. Quando você está divulgando o seu espaço e seus diferentes planos, a maneira que você divulga

---

71. Woorank é uma ferramenta de SEO básica para analisar o seu site: http://www.woorank.com/
72. Aprenda sobre o Google Adwords: http://www.google.com/adwords/

e para quem você divulga são muito importantes em relação ao preço.

Se você tem somente um preço, a vantagem é que você não tem que explicar os diferentes valores, mas geralmente você está limitando o seu público-alvo. Se você tem vários planos, você pode moldá-lo para diferentes clientes e necessidades, mas vai colocar uma dúvida na cabeça dos clientes que eles deverão sanar ao contratar um plano. Se você tem mais de um preço, sempre mencione o maior primeiro na sua conversa, para que o menor preço pareça ainda menor. Você pode se aproveitar do princípio da prova social no seu site ao destacar o plano mais popular.

Quando você estiver decidindo sobre seu preço, veja o que os outros espaços de coworking na sua região estão oferecendo. Não entre em uma guerra de preços, você vai perder sempre. Se não tem nenhum, veja o preço de um escritório pequeno e use como referência.

Grátis não é um bom preço. Você pode oferecer gratuidade de uma forma limitada, oferecendo testes grátis (um dia, não mais) ou como parte de um pacote (você contrata 6 meses e eu te dou um de graça). As pessoas valorizam menos as coisas pelas quais elas não pagam. Você está ajudando os seus coworkers a fazer mais negócios; eles devem pagar por isto para apoiar o seu esforço em melhorar o negócio deles.

Se há outros espaços de coworking e centro de negócios na sua região, saiba o preço deles para ajudar a definir o seu. As pessoas devem escolher o seu espaço pelo valor que você entrega. Se você for competir por preço, você deve ser bem mais barato. De qualquer forma, competir por preço não é uma boa ideia: seu real concorrente é a casa do cliente e é praticamente gratuito trabalhar lá. Você só vai perder a guerra do preço.

Se você está preocupar sobre os seus preços serem percebidos como caros, use duas técnicas:

- Sempre comece com o maior preço, para que todos os outros pareçam consideravelmente menores;
- Utilize ancoragem[73]: relacione o preço do seu plano a algo mais caro que eles já conheçam, para que quando você diga o seu preço, tenha uma percepção de ser mais barato.

Um bom exemplo de ancoragem foi usado por Steve Jobs quando ele lançou o iPad[74] e utilizou o preço de computadores portáteis da época para que o preço final do iPad parecesse barato.

No coworking você pode comparar o preço com o valor de passar uma noite em um hotel na sua região. Se custa R$ 100,00 para dormir uma noite em um hotel, por exemplo, como você não vai pagar R$ 100,00 para passar vários dias trabalhando em um espaço de coworking (que ainda te ajuda a ganhar dinheiro e fazer negócios, ao contrário de dormir)?

Outra forma de ancorar o preço com uma percepção menor do valor é usar o preço por dia como referência. Imagine que seu plano mensal integral custe R$ 600,00. Um mês tem basicamente 30 dias, então 600/30 = R$ 20,00 por dia de trabalho. Você pode anunciar isto no seu site e material de divulgação com "apenas R$ 20,00 por dia".

---

73. Ancoragem: http://en.wikipedia.org/wiki/Anchoring
74. Ancoragem do iPad por Steve Jobs: http://www.youtube.com/watch?v=QUuFbrjvTGw

Você tem que ganhar dinheiro o suficiente para pagar suas despesas e para você (lucro e finanças serão discutidos em mais detalhes no capítulo de finanças).

CONCLUINDO AS VENDAS

O final do funil de marketing é a venda, você quer transformar seu público interessado em clientes. É importante que você trabalhe nisso e não se deixe levar por uma fama súbita que não traz nenhum coworker. Você tem que pagar todas as despesas do espaço e as suas, portanto conclua a venda e seja pago!

A diferença para várias outras vendas é que você está em um ramo de muito contato onde você vai gastar muito tempo trabalhando com o seu cliente lado a lado. Nem todo mundo é bom para o seu negócio, então nem todos podem se tornar um cliente (difícil de dizer quando você tem poucas pessoas no seu espaço). Em caso de dúvida sobre seguir o seu instinto, e se isso não for suficiente, faça um teste. Assim você treina a sua intuição para a próxima vez.

Quanto à duração do contrato está em suas mãos escolher quanta flexibilidade você quer oferecer e se você quer estabelecer um tempo mínimo. Apenas tenha certeza de que você está facilitando para você e seu cliente determinando uma adesão sem data de término, onde eles podem cancelar avisando com um mês de antecedência, exatamente como eles fazem na academia ou em outras mensalidades.

Não ser agressivo não significa não pedir às pessoas para serem clientes. Use chamadas para a ação claras no seu site, promoções e e-mails de acompanhamento. Se você oferecer diárias grátis ou dias de portas abertas especiais, mande a todos um e-mail oferecendo seus planos se eles gostaram da experiência.

RECEBENDO

A venda não está finalizada apenas porque você conseguiu uma assinatura de contrato: receba o dinheiro que eles se comprometeram a pagar. Pode ser desagradável, mas é importante que você não deixe isto crescer ao ponto de não conseguir lidar. Problemas de dinheiro podem matar sua empresa.

Você deve deixar claro para os membros que eles têm que te pagar antes que o mês comece e enviar lembretes para aqueles que ainda não pagaram no início do mês (você escolhe a sua data, mas o primeiro dia do mês é o melhor para enviar o primeiro lembrete). Para aqueles que começam após o início do mês, peça que eles paguem antes de irem ou enquanto estiverem no seu espaço (esta é a beleza do internet banking) e que mostrem um comprovante de pagamento (uma simples imagem da tela é o bastante). Se você tiver um sistema para cobrar no cartão de crédito deles, use.

Será melhor pra você se eles fizerem o pagamento automaticamente todo mês. Eles podem programar na conta bancária, você pode realizar um débito automático, você pode implementar pagamento online via cartão de crédito... O que você puder fazer para que eles te paguem sem precisar lembrá-los e sentirem o peso de gastar dinheiro ativamente. Você estará fazendo um favor a eles e a você mesmo.

Sempre pegue um depósito para cobrir danos que eles possam fazer no espaço, mas também em caso de pagamentos atrasados.

É importante que você peça este depósito também para que tenha pessoas mais comprometidas com você e com o seu espaço, mesmo que fiquem apenas um mês. Na minha experiência, aqueles que reclamam mais sobre preço e conseguem acordos especiais de depósito só trazem problemas.

Quanto aos maus pagadores, você deve ser educado, mas firme. A maior parte da pessoas não paga porque esqueceu ou porque tem um problema com o banco. Outros podem estar passando por problemas financeiros: veja com eles algum plano de pagamento e acompanhe para se certificar que eles pagarão. Então tem aqueles que estão tentando tirar vantagem – você deve expulsá-los do seu espaço e proibi-los de voltar.

FERRAMENTAS

Existem várias ferramentas para facilitar o seu trabalho; lembre-se que a ferramenta é apenas uma ferramenta e que o que conta é alcançar o seu público de uma forma significativa e fazer com que eles se conectem. Você pode encontrar uma lista atualizada (em inglês) em: http://www.coworkinghandbook.com/tools.

Espaço

Mesmo que a comunidade seja mais importante, o espaço onde você vai montar o seu coworking conta muito, mas talvez não pelas razões que você imagina. Todos nós vemos fotos de espaços de trabalho lindos criados por empresas grandes, universidades e agências estatais ao redor do mundo e somos levados a acreditar que o que importa é a aparência do espaço. Bem, não é isto que importa: localização e função são, de longe, um trunfo.

Eu visitei dúzias de espaços de coworking ao redor do mundo e todos os que fazem sucesso têm diferentes formatos, estão em locais bons e ruins da cidade, têm climas diferentes, usam móveis e decorações diferentes, têm configurações diferentes... O que todos têm em comum é uma próspera comunidade de membros e foco em oferecer valor para estes membros.

Coworkers e organizadores de eventos vão ao seu espaço porque os ajuda profissionalmente. Você tem que oferecer uma localização conveniente, com ótima internet, eletricidade, ar condicionado e mobília para que eles possam trabalhar e interagir.

Não se deixe enganar por fotos que você vê de grande empresas criando espaços de escritórios: algumas tem receita de mais de R$ 1.000.000,00 por empregado[75], e eles estão usando o orçamento de RH e marketing, mas não estão construindo um negócio de coworking. Não se sinta mal porque o seu espaço não se compara ao deles, você está em um ramo diferente. Apenas pesquise-os para se inspirar[76].

---

75. Empresas como Apple, Facebook e Google tem mais receita por empregador do que você provavelmente vai ter na totalidade do seu espaço http://j.mp/1millionclub
76. Vá para coworkinghandbook.com/coworking-space-design-inspiration para uma seleção de espaços, móveis e ideias para inspirar a configuração do seu espaço de coworking.

LOCALIZAÇÃO

Localização é muito importante. Muitos clientes vão escolher ir para o seu espaço apenas pela conveniência. Ninguém gosta de gastar muito tempo se deslocando. Se você está próximo à casa deles, será mais fácil para eles chegarem até você. Se você está em uma área movimentada da cidade, será mais fácil para os clientes e contatos profissionais dos seus clientes se encontrarem com eles no seu espaço de coworking.

Eu vivo e abri o meu espaço de coworking na cidade, então minha visão é influenciada pela realidade que eu conheço. Como a maioria dos gestores de espaços de coworking que eu conheço. Ter um espaço de coworking de sucesso em uma área rural ou nos subúrbios é mais difícil, mas existem alguns[77]. Nossas culturas são diferentes e em cada cidade as pessoas têm uma atitude diferente quanto ao transporte e deslocamento.

Lembre-se que a densidade populacional da sua cidade é importante: quanto maior a densidade, mais possíveis clientes estarão próximos a você. Você também terá mais serviços ao redor do seu espaço de coworking (como restaurantes e bancos) que podem tornar o seu espaço mais atrativo para os membros.

Sempre é possível se mudar para outro local depois de começar, mas é difícil, pesado, caro e seus coworkers podem não gostar do novo local e irem embora. Não considere o local como algo pequeno: é válido esperar que o espaço certo apareça enquanto

---

77. Um bom exemplo de um espaço de sucesso no subúrbio é o Link Coworking em Austin, Texas http://www.linkcoworking.com. Liz Elam é a fundadora e também organizadora do Global Coworking Conference Unconference. Ela tem o conhecimento e a experiência.

estiver construindo a sua comunidade neste período. Conforme você organiza os eventos da sua comunidade, teste diferentes áreas da cidade e veja como as pessoas reagem.

Quando você pensa sobre a conveniência da sua localização, você também tem que estar atento à facilidade para chegar lá: tem transporte público? Ele conecta com a cidade inteira ou com uma pequena área? Tem estacionamento disponível? É fácil de chegar e sair de carro? Tem grandes eventos que podem prejudicar o deslocamento dos seus clientes? O que está ao redor do seu espaço? Tem muito barulho externo? Se coloque no lugar dos seus coworkers e avalie se você gostaria de ir trabalhar naquele local e por quê.

Às vezes existem escritórios muito baratos em áreas da cidade onde ninguém quer ir. Se a sua comunidade pode prosperar naquela área, vá em frente. Se não, procure outro lugar.

Estudo de caso: workINcompany e a Páscoa em Sevilha

O workINcompany (WIC) fica localizado no centro de Sevilha, uma cidade muito bonita, tradicional e antiga, com muitas ruas estreitas e áreas fechadas para o tráfego. A vantagem desta localização é que é cheia de vida desde cedo até tarde da noite. Tudo acontece lá e se uma grande empresa quer um escritório de representação, estar em um dos prédios antigos do centro é a melhor opção.

O maior problema que eles têm com a localização é que o acesso de carro é muito complicado. Existem várias linhas de ônibus, mas ainda há algumas áreas que você só chega andando. Para complicar mais as coisas, Sevilha tem um evento religioso gigantesco que bloqueia completamente a cidade por, pelo menos, uma semana todo ano durante a páscoa.

Jaime e Alberto fizeram uma pesquisa e descobriram que sua localização central não era a primeira opção. Ainda assim, eles escolheram abrir o workINcompany no centro de Sevilha.

Por quê? Um espaço de coworking não é apenas um escritório. Atividades como workshops e eventos acontecem fora do horário comercial. O sucesso dessas ações vêm do conteúdo, da comunidade e do que acontece antes e depois do evento.

Desde que eles foram para o centro, eles viram como outras iniciativas que aconteciam fora do centro caíam no esquecimento enquanto os eventos do workINcompany ficavam cada vez mais populares por causa das oportunidades que as pessoas tinham para combinar com o resto de seus compromissos profissionais e pessoais.

TAMANHO

Tamanho importa. Tem um impacto na sustentabilidade financeira da sua empresa e também nos tipos de serviços que você pode oferecer (eventos, salas de reunião, área de refeição comuns etc.). Você não precisa ter um espaço enorme para ter um negócio lucrativo, mas se você for muito pequeno, será difícil (ou impossível) ter membros suficientes para sobrar um bom salário para você depois de pagar todas as despesas.

O preço que você paga por metro quadrado tem um grande impacto conforme você expande o seu espaço. Multiplicar uma despesa (impostos, taxas, móveis etc.) por 300 ou 15.000 não é a mesma coisa. Lembre-se disso quando estiver fazendo os cálculos financeiros do seu espaço.

Quanto espaço uma estação individual ocupa?

Não tem uma regra fácil de metragem para medir o espaço que você precisa por pessoa no seu espaço. Você tem que levar em consideração as áreas comuns (cozinha, refeitório, salas de reunião, banheiros, corredores) e também depende do mobiliário que você usa e da distribuição do espaço.

Este é o cálculo básico para o tamanho mínimo de uma estação de trabalho:

Estação comum	0,75 m² x 1,25 m²	0,93 m²
Corredor mínimo	0,80 m² x 1,25 m²	1,00 m²
Armazenamento mínimo	0,30 m² x 0,50 m²	0,15 m²
Total		2,08 m²

Se você já tem o mobiliário em mente, use-o para os cálculos. Estes cálculos não levam em consideração todas as outras áreas que são compartilhadas, mas é uma boa medida para se lembrar quando você começar a pensar sobre o uso do seu espaço.

Cálculo do tamanho mínimo do espaço

Nesta seção eu vou apresentar o tamanho mínimo para três diferentes espaços: para 20, 40 e 60 estações de trabalho (sem um espaço para eventos, você vai encontrar isso logo depois). Estas são as recomendações para um tamanho mínimo para espaços e eles podem ficar um pouco abarrotados. Você deve adaptar isto para o seu espaço e para a experiência que você quer oferecer.

Para estes cálculos, consideramos um espaço proporcionalmente distribuído (um quadrado), que é bastante eficiente. Pequenas salas de reunião são consideradas de acordo com a maior frequência de utilização (2-3 pessoas). Se você tem uma sala de reunião muito grande, acrescente uma divisória removível para que você possa transformar em duas ou mais salas.

Espaços industriais e prédios comerciais modernos geralmente oferecem mais espaços abertos, enquanto prédios antigos com arquitetura tradicional tendem a ter escritórios com estilos antigos, com salas menores e mais repartições (e muito espaço perdido com paredes e corredores). Pense nisso quando avaliar as possibilidades do espaço, e o retorno do investimento que você pode acabar tendo. Tenha em mente que estes cálculos não incluem um espaço para eventos (mas você encontrará isso na seção seguinte).

20 estações		
Salas de reunião	2 x 10 m²	20 m²
Banheiros	2 x 3 m²	6 m²
Cozinha		6 m²
Área de refeição		9,6 m²
Áreas comuns	1,5 m² x 20 estações	30 m²
Equipamentos		2 m²
Armazenamento		2 m²
Estações de trabalho	20 estações x 2,08 m²	41,6 m²
Total		117,2 m²

40 estações		
Salas de reunião	3 x 10 m²	30 m²
Banheiros	2 x 4 m²	8 m²
Cozinha		8 m²
Área de refeição		16 m²
Áreas comuns	1,8 m² x 40 estações	72 m²
Equipamentos		3 m²
Armazenamento		4 m²
Estações de trabalho	40 estações x 2,08 m²	83,2 m²
Total		224,2 m²

60 estações		
Salas de reunião	5 x 10 m²	50 m²
Banheiros	2 x 6 m²	12 m²
Cozinha		20 m²
Área de refeição		22,4 m²
Áreas comuns	2 m² x 60 estações	120 m²
Equipamentos		4 m²
Armazenamento		8 m²
Estações de trabalho	60 estações x 2,08 m²	124,8 m²
Total		361,2 m²

Tamanho do salão de eventos

Você também deve acrescentar um espaço para eventos (conferências, encontros, cursos etc.), se puder. Se não, tente utilizar o espaço que você já tem (Ex.: use o seu refeitório ou ponha as mesas de lado no seu espaço de coworking). Como um exemplo, você pode acrescentar 50 m^2 para um salão de eventos para 40 pessoas ou 100 m^2 para um salão de eventos para 80 pessoas (com cadeiras enfileiradas voltadas para a parede onde você projetará a apresentação).

DISTRIBUIÇÃO DO ESPAÇO

Além dos números, quando estiver procurando um novo espaço, você tem que pensar em várias outras coisas para garantir que você criará um espaço de coworking viável, um ambiente onde seus clientes se sentirão confortáveis e serão produtivos. Você tem que decidir como distribuir o espaço pensando nas necessidades dos seus clientes e no tamanho das pessoas.

É comum falar sobre quantos membros você tem no seu espaço, lucratividade por estação, cafeteira, impressora, salas de reunião... Mas você sabe o tamanho e arranjo do seu espaço? Você sabe quais equipamentos e móveis vai precisar para aquele espaço e configuração? Você pode sustentar uma comunidade e ganhar dinheiro com este design interior?

A aparência importa, mas a funcionalidade e conforto são muito mais importantes para os seus usuários: eles não vão para admirar as cores da sua parede, eles vão para trabalhar e conseguir fazer as atividades de suas empresas.

A melhor opção é contratar um arquiteto ou designer de interiores e começar a desenvolver um projeto com eles, mesmo que você não tenha o espaço ainda. O número de mesas e sua distribuição, o tamanho e formato das salas, e as condições acústicas terão um efeito direto no seu negócio, então tenha isto em mente quando discutir sobre as diferentes distribuições. Se você tiver que fazer obras significantes, você provavelmente terá que trabalhar com um deles, ou contratar uma empresa especializada. Se você puder evitar uma obra de grandes proporções, vai ser muito melhor pra você.

Você mesmo também pode projetar o espaço[78]. Não é preciso habilidades técnicas avançadas para a parte do design, mas você vai precisar se for necessário derrubar paredes, mudar o encanamento etc. Existem muitos aplicativos disponíveis para te ajudar com o design e distribuição do espaço[79] (apesar da maioria ser voltada para casas), mas é muito mais fácil usar caneta, papel e fita[80]. Liste as áreas que você quer ter no seu espaço e desenhe uma figura aproximada da planta baixa (ou imprima se você conseguir com a imobiliária ou com o dono). Se você já tem o local, você pode usar fita adesiva para desenhar no chão as paredes, móveis, áreas, etc.

Projetar o seu espaço é uma ótima oportunidade para você envolver a sua comunidade e fazer com que os membros fiquem mais envolvidos e afeiçoados ao espaço. Você estará

---

78. Quando eu inaugurei o Betacowork, eu não podia escolher muito: Tudo estava construído e o mobiliário já estava decidido pelos donos do prédio.
79. Tem uma lista de ferramentas no site "The Coworking Handbook", onde você também pode sugerir as ferramentas de sua preferência: http://www.coworkinghandbook.com/tools
80. Procure livros e sites interessantes na seção de leitura http://coworkinghandbook.com/readings

construindo uma experiência com eles, uma ótima história para compartilhar. Eles também terão um maior senso de propriedade do espaço.

Se você não tem como evitar e precisa fazer obras, confirme que pode realizar as mudanças necessárias com o síndico e com as autoridades locais e também aprenda sobre as obrigações e autorizações que possa precisar.

Coworking não é só uma mesa... Mas é cheio delas. As pessoas precisam de um local para colocarem seus computadores, celulares, papéis... Acima do chão. É aí que as mesas e bancadas entram. Você tem que distribuí-las onde você quer que tenha pessoas trabalhando. Coworkers vão procurar qualquer espaço disponível. Móveis ocupam espaço e pessoas também. Ótimas ferramentas para entender quanto espaço eles ocupam (em inglês):

- IKEA cataloga[81]
- Neufert Architect's data[82]
- Make Space book[83]
- Sketchup software[84]

---

81. Muitas propostas de móveis novos e apropriados constantemente atualizados http://www.ikea.com
82. Um manual de arquitetura clássico onde você pode encontrar padrões, esquemas, opções de distribuição... Tudo com tamanhos. Você pode ler e baixar a terceira edição aqui: http://coworkinghandbook.com/books.
83. O livro de laboratório de design de Stanford para espaço e criatividade: http://dschool.stanford.edu/makespace/
84. Sketchup é um software de modelagem 3D amplamente usado que é fácil de aprender. Baixe a versão gratuita aqui: http://www.sketchup.com/products/sketchup-make

Utilizá-los não fará de você um profissional, mas eles abrirão seus olhos para várias questões e, o melhor de tudo, te ajudarão a escolher e projetar melhor o seu espaço de coworking.

Se você tiver uma configuração flexível com móveis removíveis (rodas e cadeiras empilháveis facilitarão a sua vida) e separadores de espaço (podem ser quadros brancos com rodas), você pode mover tudo facilmente de acordo com a necessidade. Salas com apenas um uso possível são um desperdício de espaço e dinheiro se estiverem vazias frequentemente. Tente dar utilidades múltiplas para estas áreas e pense como você pode utilizá-las em horários diferentes do dia e da semana.

Tem quatro áreas principais para se considerar quando estiver montando o seu espaço:

- Utilização
- Conforto
- Companhia
- Privacidade

Utilização

A utilização que você vai fazer de diferentes áreas se traduzirá em diferentes tipos de móveis baseados nas necessidades dos membros.

Coworking

A utilização principal do seu espaço vai ser para coworking. A mobília mais importante aqui é a cadeira: coworkers vão passar muitas horas todos os dias sentados nelas.

Você não quer que elas sejam desconfortáveis ou deem dor nas costas[85]. Você não precisa comprar materiais muito caros, mas você deve comprar as melhores cadeiras que puder dentro do seu orçamento. Se você não souber quais comprar, peça para testar alguns modelos diferentes e também pergunte às pessoas que você conhece sobre a qualidade das cadeiras delas. Esta é outra ótima oportunidade de envolver seus coworkers em uma nova experiência e ter algumas novidades divertidas para compartilhar.

Mesas são apenas tábuas que impedem computadores e outros itens de caírem no chão: elas não são tão importantes quanto cadeiras. Se você conseguir que eletricidade e tomadas Ethernet estejam de fácil acesso para os coworkers, você vai facilitar muito a vida deles. Repare na posição dos pés das mesas, eles podem dificultar para acrescentar cadeiras ou para que pessoas sentem juntas. Você pode utilizar mesas longas com múltiplos coworkers sentando juntos ou mesas individuais. uma mesa longa de 4,5 m pode acomodar confortavelmente 4 pessoas de cada lado e geralmente tem menos pés do que mesas individuais colocadas juntas (elas costumam ter pés que estão situados no centro da mesa e não próximos dos cantos).

Lockers não são usados tão frequentemente. Só um percentual dos seus coworkers vai pedir um e algumas vezes vai ser apenas para guardarem suas canecas. Você pode começar sem eles e, se você quiser, compre alguns e veja o que acontece com eles. Este é o tipo de coisa que todos dizem que é essencial e ótimo de ter, mas que quase ninguém usa.

---

85. Estes exercícios podem te ajudar a evitar dores nas costas http://exercises4back.com/

Se alguma vez você se deparar com o problema de ter muitos muitos membros ao mesmo tempo: faça uma festa! Você sempre pode acomodar um evento extraordinário como este usando uma sala de reunião vazia ou a área de eventos/refeição. Se isso acontecer muito, você pode ter um problema se os membros se importarem. Hora de expandir!

Reuniões

Reuniões e espaços para eventos são geralmente a segunda fonte de receita dos espaços de coworking e eventos são uma das principais ferramentas de marketing. Você deve ter um espaço onde seus coworkers possam receber seus clientes e ter conversas privadas.

O tamanho da sala de reunião varia desde um solitário Skype, até uma grande conferência. Dependendo dos tipos de reuniões que for receber, você precisará de configurações diferentes. Pequenas reuniões (de 2 a 8 pessoas) podem acontecer em espaços de 9 a 12 m². A maior parte das reuniões será de 2 a 3 pessoas.

Os móveis que você utilizará nas salas de reunião e de eventos dependem do seu estilo e nível de conforto que você quer oferecer (as pessoas não ficam sentadas nas salas de reunião tantas horas quanto em suas estações de trabalho, então as cadeiras não precisam ser tão confortáveis para serem usadas por um longo período de tempo). Se o espaço for usado para outras atividades, pense como você irá mover mesas, cadeiras, quadros etc. Algumas mesas de trabalho postas juntas se transformarão em uma ótima mesa de reunião.

Algumas vezes os coworkers ou clientes externos organizarão cursos. O número de espectadores pode ser diferente de um curso para outro e a configuração da sala também vai mudar: alguns vão querer em formato de U, outro preferirão formato escolar. Use móveis que você possa mover e você estará apto a atender a maioria dos pedidos.

Você deve ter uma configuração padrão e se os clientes quiserem algo diferente eles podem mudar por conta própria e arrumar de novo no fim da reunião ou você pode cobrar para fazer essas mudanças. Não se esqueça das despesas extras com limpeza: eles podem pagar essas despesas, ou você paga, ou você oferece a oportunidade de que eles limpem por conta própria e economizem dinheiro se atenderem ao seu padrão de limpeza. Se você tem fotos com diferentes configurações, pode ser útil incluí-las no seu site e panfleto.

Armazenar os móveis para diferentes configurações pode virar um aborrecimento. Lembre-se quando você comprar de ter certeza que possa colocar em um espaço de armazenamento. Para eventos muito grandes você também pode alugar a mobília, mas costuma ser caro; cobre do cliente, mais o extra pelo seu trabalho.

Cada país e cidade tem diferentes regras de segurança, tenha certeza de cumprí-las. Se você não sabe, procure um profissional. Risco de incêndio e instruções sobre as saídas de emergência também são muito importantes, não somente para cumprir as leis, mas para proteger a vida dos seus clientes (e a sua também).

Comida e bebida

A hora do almoço e do café são momentos-chave para fortalecer as conexões entre os membros da sua comunidade de coworking. Na verdade, qualquer coisa que envolva comer e beber é importante para o seu espaço de coworking (e também para o marketing).

As maiores vantagens destes tipos de eventos são:

- Coworkers se encontram e conversam;
- Eles reforçam o senso de comunidade;
- As pessoas criam um vínculo maior com o espaço;
- Diferentes tipos de interação social acontecem no espaço;
- Você pode criar experiências e oportunidades para redes sociais com estes eventos: cursos de culinária, churrascos, almoços etc.

As maiores desvantagens são:

- O barulho;
- Você precisará de equipamento extra (geladeira, lavadora de louça, microondas, forno etc.);
- Você terá que fazer limpeza extra;
- Tem alguns riscos de segurança (fogo, lesões etc.);
- Comida tem cheiro (às vezes é bom, às vezes não).

Com estas desvantagens em mente, faz sentido separar estas áreas do espaço principal de coworking. Desta forma você reduzirá incômodos e os coworkers ficarão mais tranquilos sabendo que eles não estão incomodando os outros.

Comida sempre traz coisas interessantes para o espaço. Pode ser através dos coworkers, de você, de um serviço de buffet, feito no local... Desde que você tenha um lugar para refeições, você poderá se aproveitar disso.

Comer demanda tempo, e um tempo onde a maioria dos coworkers não estará trabalhando. Eles se afastarão dos seus computadores e dividirão seu tempo com outros coworkers, tempo este que permitirá que eles interajam e reforcem suas relações. Família que come unida permanece unida, então prepare uma grande mesa se puder, e ajude a guiar as interações apresentando as pessoas.

Cozinhas e refeitórios podem ainda te ajudar a receber outras atividades no seu espaço de coworking, como degustação de vinho, aulas de culinária, jantares privativos, culinária compartilhada, etc. Eles são uma instalação como o resto do espaço. Veja se pode ser outra fonte de receita para você em sua região, e pesquise sobre as regras locais.

Ruído

Espaços de coworking são escritórios, não bibliotecas. As pessoas precisam falar para trabalhar e socializar. O barulho pode ser parte do conforto, mas é um tópico tão complexo em todos os espaços de coworking que merece uma seção especial.

O nível apropriado de barulho será determinado pelos seus coworkers e por você. Meu conselho é não deixar o nível de barulho ultrapassar o de um ambiente de escritório: algumas ligações, algumas conversas, mas basicamente as pessoas estarão trabalhando em seus computadores. As pessoas têm que falar e fazer ligações, coisas caem, portas abrem e fecham, celulares tocam... Sem problemas.

Cada espaço de coworking pode ter uma regra de convivência diferente. Alguns serão ultrassilenciosos, mas a maioria não. Eles também não serão muito barulhentos (desde que o espaço de coworking e de eventos seja separado). Estimule e apoie a cortesia entre os coworkers. Se alguém falar muito alto, fale com ele. Se os coworkers não quiserem falar com esta pessoa, eles virão até você. Você pode estimular boas maneiras também, como regras de fone de ouvido[86]: se alguém está usando fone de ouvido, significa que não quer ser interrompido por outros.

Um espaço de coworking tem que ser um local produtivo onde as pessoas possam se concentrar mas não tenham medo de falar. Tivemos no Betacowork o problema oposto: os membros reclamaram que éramos muito quietos (nós começamos com salas-biblioteca). Então nos livramos das salas silenciosas falando para as pessoas que éramos simplesmente um escritório, encorajando as pessoas a falar em um tom de voz normal (sem sussurrar), começamos a conversar pela sala, colocamos música ambiente... Você dá o exemplo. Tratamos a questão do ruído como algo flexível e os próprios membros mantêm uma das salas de coworking como um ambiente mais silencioso.

Se você quiser limitar o barulho, você pode usar o ruído branco: um som que não conseguimos identificar e depois de um tempo nosso cérebro filtra, fazendo com que as conversas se destaquem menos[87]. Você também pode utilizar materiais porosos (como carpete e feltro) para absorver o som[88] (vidro e outros materiais

---

86. Regras muito simples para entender e seguir: http://theheadphonesrule.com. O vídeo "Blankspaces" é obrigatório de assistir para entender estas simples regras de etiqueta http://www.youtube.com/watch?v=6ymlJ6kCsew
87. Grind Coworking em New York http://grindspaces.com/ tem um sistema de ruído branco avançado, mas seu fundador, Benjamin Grier, nos falou na Conferência Europeia de Coworking (Coworking Europe Conference) que ele tentaria algo mais simples se tivesse que fazer novamente.
88. Você já percebeu como salas vazias geralmente têm um eco que misteriosamente desaparece assim que você começa a colocar móveis nela?

não-porosos refletem o som). Você não precisa fechar comple-tamente um espaço para reduzir o nível de som. Você pode usar divisórias, plantas e estantes de livros, por exemplo.

Portas e paredes isolam mais, lembre-se disso em áreas onde você não quer que o barulho saia, como salas de reunião e banheiros.

Além disso, você vai receber eventos barulhentos (como concertos, cinema, teatro...), você deve pensar nos seus vizinhos também: respeite-os. Fique atento com as regras locais sobre ruídos.

Conforto

Faça com que os seus coworkers se sintam confortáveis. Nós não trabalhamos todos da mesma maneira. Pense nos profissionais que estarão trabalhando diariamente no seu espaço, sobre as diferentes trocas que você está focando. Ofereça a eles a possibi-lidade de trabalhar confortavelmente e terá um impacto positivo no próprio espaço.

A maior parte dos seus coworkers trabalhará com seus laptops em uma mesa comum e sentados em uma cadeira durante todo o dia. Eles também se reunirão nas salas de reunião ou nas áreas comuns. Se você tem um espaço relax com sofás e pufes, alguns podem escolher trabalhar lá ou conversar com outras pessoas. Mesas altas, mesas de café e balcões são ótimas opções para mudar a maneira que trabalhamos, mesmo que seja por pouco tempo.

Se você oferecer opções diversas, foque na distribuição que será mais utilizada: mesas e cadeiras para trabalhar com um laptop. Poucos coworkers vão precisar de algo diferente disso, e mesmo que precisem, será esporádico, então não dedique uma grande parte do seu espaço para configurações alternativas.

Cadeiras estão mais associadas às mesas, mas elas são muito mais importantes para a saúde e o conforto dos seus coworkers em longos dias de trabalho. Você não pode trabalhar em cadeiras ruins por 8 horas seguidas. Elas são tão importantes e podem ser tão pessoais que alguns espaços permitem que o coworker traga sua própria cadeira.

O que quer que você decida, tenha em mente que você vai passar muitas horas sentado. Você não precisa gastar R$ 1.000,00 em uma cadeira para que ela seja perfeitamente utilizável e confortável (algumas boas cadeiras podem ser encontradas a partir de R$ 200,00). Você também não deve comprar as mesmas cadeiras para todos os propósitos: cadeiras empilhadas baratas são muito usadas em espaços de coworking nas áreas de eventos e refeição, onde as pessoas não vão ficar por muito tempo.

O melhor que você pode fazer (ao menos em um mundo ideal) é testar as cadeiras e conseguir uma opinião dos seus coworkers, amigos e outros espaços de coworking. Você não precisa comprar todo o mobiliário de uma vez. Dividir o investimento em móveis comprando pequenos lotes permite que você cometa erros mais baratos que são mais fáceis de corrigir.

Companhia

Coworkers aceitam que vão trabalhar com estranhos e conhecerão novas pessoas regularmente, mas eles gostam de escolher quem senta perto deles. As pessoas vão perguntar por isso, equipes vão procurar mesas próximas, aqueles que gostam de falar vão se separar do resto... Se você não considerou isto quando organizou o espaço, não se preocupe, os coworkers vão descobrir como se organizar.

Você pode experimentar com distribuição de mesas: grupos de 2-4-6-8 mesas, mesas viradas pra parede, grandes mesas compartilhadas, pequenas mesas para duplas, mesas cercadas por estantes de livros...

Como você não deve comprar todas as suas mesas de uma vez, dedique um tempo para testar e pesquisar os seus coworkers (a melhor pesquisa é testando as configurações e fazendo com que eles sentem nas mesas e opinem). Se você tem móveis que possam ser movidos, isto nunca será um problema. Seus usuários vão te ajudar a criar o espaço que você precisa e que eles querem ter. Se não, não se preocupe. Desde que eles consigam se sentar e trabalhar, você está pronto.

Privacidade

Coworking é sobre compartilhar espaço e colaboração, mas não quer dizer que você precise ser um livro aberto, compartilhar tudo e colaborar com todo mundo. Coworkers são adultos e profissionais, eles trabalham por conta própria no espaço de coworking, mas não sozinhos. Coworkers escolhem com quem eles querem compartilhar e colaborar o quê.

Quase todos os espaços de coworking têm um grande espaço aberto com muitas estações de trabalho (mesas e cadeiras) e as pessoas podem se sentar próximas umas das outras. A coisa boa disso é que mesmo que as pessoas estejam sentadas fisicamente perto, a maioria não irá se preocupar com a tela do computador da pessoa ao lado simplesmente porque eles estão ocupados com o próprio trabalho!

Você não tem que construir paredes para criar privacidade. Você e seus coworkers terão percepções diferentes quanto ao significado de privacidade, mas esta percepção muda imediatamente apenas trabalhando em um espaço de coworking. A experiência é que prova que as preocupações hipotéticas que possamos imaginar são basicamente irrelevantes.

Você pode aumentar a percepção de privacidade usando elementos separadores como estantes de livros, cortinas, painéis móveis etc. Todos eles vão impactar de forma diferente no que os coworkers vão ver e ouvir.

Alguns usuários são realmente preocupados em não ter ninguém atrás deles; a maioria dos coworkers não dá a mínima. Para esses que se preocupam com privacidade, existem soluções simples que resolvem a maior parte das questões que os coworkers possam ter em relação ao impacto do local e privacidade: eles sempre podem se sentar com uma parede atrás deles; se eles se preocupam sobre uma vista lateral, cantos limitam pessoas de ficarem em pelo menos um dos lados; se há mesas isoladas no seu espaço, eles podem trabalhar lá.

Conforme a sua comunidade cresce e a confiança e conexões entre os coworkers ficam mais fortes, eles também se sentirão mais à vontade quanto à privacidade.

Outro aspecto importante sobre a privacidade é relacionado à espionagem em conversas (cara a cara ou por telefone). A maioria dos coworkers se preocupa mais quanto a incomodar os outros membros que compartilham a sala com eles do que quanto à possibilidade de ter alguém espionando eles. Você vai ver que no seu espaço a maior parte das pessoas vai aprender com o exemplo dos outros, criando um tipo de regra de convivência: se eles estão preocupados com o conteúdo da ligação e querem manter confidencial, eles vão sair da estação para talvez uma sala de reunião vaga; se eles estão preocupados em incomodar os outros, eles podem sair do local ou falar baixo; se eles não suportam a voz de um coworker que fica muito tempo no telefone, eles ou vão colocar fones de ouvido ou vão se mudar para outra área do seu espaço de coworking.

Se todos os seus coworkers que se preocupam com privacidade acham importante ter um local para manter seus documentos trancados por chave, isto é facilmente resolvido com lockers e armários. Pouquíssimos coworkers precisam disso, uma vez que a maior parte dos documentos e arquivos são digitais ou acompanham eles em suas mochilas para quando eles precisarem.

Para alguns coworkers, especialmente para empresas em crescimento, mudar a dinâmica de trabalho pode forçá-los a ir para um escritório em que possam trabalhar num ambiente com mais privacidade e sem incomodar os outros. Não há nada de errado nisso, eles apenas estão em um estágio diferente e têm necessidades diferentes.

Para os paranoicos: coworking não é para eles. Sugira uma caverna próxima onde eles possam se esconder do mundo. Você está construindo uma comunidade; se todos ficarem isolados, você não vai conseguir fazer o seu trabalho e não vai entregar o valor que os coworkers estão procurando. Nem todo mundo tem perfil para ser seu cliente.

MÓVEIS

Espaços de coworking são vivos, são orgânicos. Suas diferentes áreas e utilizações podem mudar. O espaço precisa ter a possibilidade de se adaptar para estas mudanças e para as criaturas vivas chamadas coworkers. Aprenda com seus coworkers, suas maneiras de trabalhar e suas necessidades. Pense em como você trabalha e o que você precisa.

As pessoas precisam de móveis para trabalhar e você é o fornecedor. Fique longe de mobília fixa (coisas que você não pode mudar de lugar). Use mesas, cadeiras, armários, estantes de livros e outros móveis com rodas que sejam fáceis de mover, empilhar e dobrar. Você e seus clientes vão querer personalizar o seu espaço, especialmente no início. Talvez você tenha que tirar todas as mesas para um evento ou você vai ter que dividir visualmente uma sala grande com estantes de livros. Não é fácil achar móveis capazes de fazer tudo o que você precisa, então esteja preparado para ajustar e cortar. Existem várias ideias criativas de outros espaços de coworking e comunidades que podem te inspirar[89].

Sempre será mais fácil trabalhar com peças pequenas e leves ao invés de enormes pranchas e bancos. Mesas estarão em todo o seu espaço. Scanners, impressoras, livros e materiais de escritório devem ser centralizados na área de coworking. Faça uma estimativa de qual é o tamanho certo para que você e seus clientes fiquem confortáveis. No começo você pode testar vários tamanhos e alturas para as mesas. Alguns coworkers vão

---

89. Procure por "IKEA hacking" e você vai encontrar ótimos sites como este: http://www.ikeahackers.net

querer trabalhar em pé. Ter mesas em pé pode ser um extra interessante para o conforto deles e para o seu marketing, mas não saia botando eles em pé.

ACESSO E SEGURANÇA

O acesso ao espaço pode ser tão simples ou complicado quanto você queira. Alguns espaços dão chaves para todos os membros, alguns usam senhas, outros usam cartões personalizados e outros só permitem que o membro entre quando tem um dos gestores presente, seja abrindo a porta no horário comercial ou utilizando uma campainha. Dependendo do seu sistema de precificação, você pode ter pessoas com acesso 24/7, enquanto outros só tem acesso durante o horário comercial.

Alguns espaços fazem com que os clientes comuniquem quando entram e saem para controlar as horas de uso (com um formulário de papel que eles assinam ou com sistemas mais avançados conectados ao software de gestão de membros[90]).

Se você não tem condições e tem diferentes planos, confie nos membros e fique de olho aberto para delinquentes. Eduque seus membros para falar com você em primeiro lugar se tiverem que ocasionalmente usar o espaço além do que pagaram e faça um acordo com eles.

No Betacowork nós temos cartões personalizados que dão aos membros acesso ao prédio, aos espaços de coworking e às áreas

---

90. Uma ferramenta de código livre como pfSense pode rastrear que está no local usando os equipamentos com os quais eles se conectam à Internet (smartphones, computadores e tablets): https://www.pfsense.org

comuns, mas não permitem que entrem no escritório de ninguém. Nós tentamos limitar a quantidade de trabalho administrativo que fazemos para que possamos passar mais tempo oferecendo valor real para os membros.

Quando você estiver planejando que sistema usar, tenha em mente:

- A quantidade de trabalho e dedicação que você terá que assumir;
- As restrições que você está impondo aos membros;
- Os custos, a legislação;
- Seu contrato;
- Sua própria personalidade (algumas pessoas confiam mais que outras).

De maneira geral, ter que estar em seu espaço de coworking o tempo todo é uma má ideia: você não terá muito tempo livre se tiver que estar lá em todos os eventos e acabará esgotado. Você não conseguirá sair do espaço para ter reuniões ou prospectar.

Encontre alguma pessoa que você confie (podem ser os próprios organizadores de evento) e combine com eles para que cuidem de tudo.

Se o sistema de entrada é gerenciado pelo zelador, tenha certeza de que é você que distribui as entradas e de que tem um bom estoque de cartões e chaves. Zeladores não se preocupam com os seus clientes tanto quanto você e não são tão ágeis ao pedir novos cartões de acesso quando for preciso.

O melhor sobre códigos e cartões personalizados é que se um dos membros sair ou se o cartão for perdido, você pode removê-lo do sistema e ninguém mais vai poder entrar no espaço com eles. O lado ruim é a administração extra que você deve fazer e o custo. Chaves comuns são baratas de se comprar e copiar (por todo mundo, não só você).

Ter um serviço de segurança externa é útil para os eventos. Você pode cobrar este serviço do organizador de eventos. Dependendo do contrato que você tiver, eles podem até checar o espaço algumas vezes por dia para se certificar que todas as portas estão fechadas. Eles também podem cuidar das câmeras de segurança e alarmes quando o espaço estiver fechado. Se você tiver uma senha ou cartão personalizado, você provavelmente terá um registro com as entradas dos membros, mas lembre-se que se três deles entrarem ao mesmo tempo, apenas um vai abrir a porta para todos.

Quando o seu espaço fica aberto 24/7, é difícil ter um sistema de alarme, a não ser que os membros liguem e desliguem por conta própria. Isto pode causar problemas (como aumento de preço) com a seguradora.

Câmeras conectadas à internet são baratas e úteis, mas não são necessárias. Depende de você decidir se quer checar quem está no espaço. Pode ser um investimento bom e barato para você ter a tranquilidade de poder checar o vídeo no seu celular.

No que diz respeito à segurança do espaço de coworking de maneira geral, vai depender da localização e do tráfego de pedestres. A maioria dos espaços tem problemas mínimos ou não tem nenhum. Se o seu espaço está no nível da rua é fácil para qualquer um que esteja passando observar os equipamentos e mochilas que estão no local, especialmente se for em uma área de muito movimento. Se você não está tão exposto, a movimentação que você deve prestar atenção é dos eventos, quando muitas pessoas que não são membros estarão no seu espaço.

Se a sua área de coworking é separada da área de eventos com uma porta, a maioria das pessoas não vai se aventurar além dela. Coworkers em geral não deixam objetos de valor nas mesas, com exceção de monitores e computadores. Eles sempre trancam com uma corrente ou deixam fora de vista em armários.

LIMPEZA

Seu espaço deve ser limpo e profissional. Você pode ter uma aparência alternativa, hippie ou underground, mas não quer dizer que você não possa ter uma ambiente limpo e saudável. Seus coworkers estão pagando por um lugar profissional pra trabalhar e você tem que fornecê-lo. Se o seu espaço estiver sujo, alguns membros vão reclamar; a maioria simplesmente vai deixar o local.

Você não precisa de uma empresa terceirizada para limpar, mas eu recomendo. Não é caro e vai liberar o seu tempo para focar em outras tarefas mais importantes, como conseguir mais cowor-kers. Se você escolher contratar uma dessas empresas – fim do problema.

Esqueça sobre formas colaborativas de limpeza que contam com o coworker fazendo parte do trabalho. Você terá sorte se eles colocarem seus pratos sujos na lava-louças. Ainda assim você terá que educá-los e insistir para que desenvolvam os hábitos certos: isto ajudará a criar um espaço de trabalho melhor e a diminuir a sua carga de trabalho... Faça com que todos sejam responsáveis pelas suas próprias canecas, pratos e mercadorias. Não deixe que a sua cozinha (se você tiver uma) vire uma bagunça. Esvazie a geladeira regularmente se não quiser descobrir novas formas de vida. Limpe, limpe, limpe. Coworkers são adultos, a maioria vai se comportar.

INTERNET

A internet nos dá superpoderes, entre os quais está o de fazer seu espaço de trabalho ser onipresente. Nós trabalhamos online com nossos computadores conectados à internet e podemos fazer isso de onde quisermos. É por isso que as pessoas podem trabalhar em espaços de coworking.

Sem uma conexão de internet boa e estável, as pessoas não vão trabalhar no seu local. É importante que você tenha a melhor internet que possa para o número de coworkers que tiver. Os coworkers vão utilizar muita banda e você tem que ter certeza de que eles terão uma conexão de qualidade durante todo o tempo. Se a sua internet for instável, eles vão começar a reclamar sobre isso (talvez nas redes sociais com seus smartphones) e vão trabalhar em outro lugar. Todos nós temos pequenos problemas com isto, mas você não quer que eles durem por muito tempo. Ter uma conexão de internet profissional e uma linha de backup extra com provedor diferente te dá uma margem de segurança para garantir que você estará sempre conectado.

A conexão dos computadores à internet deverá ser feita via Wi-Fi ou por cabos Ethernet. A instalação mínima que você deve fazer é adicionar um roteador Wi-Fi, mas isto é muito limitado quanto aos aparelhos que podem se conectar a eles (a maioria das pessoas vai conectar seus smartphones e computadores ao mesmo tempo), velocidade e qualidade do sinal Wi-Fi (quando há muitos ponto de acesso Wi-Fi em uma área, um vai deteriorar a conexão do outro, causando todos os tipos de problema). Ter muitos cabos Ethernet conectados à rede vai fornecer uma conexão melhor para os seus coworkers, mas vão demandar um maior investimento: você terá que comprar hardware (switches, cabos etc.) e instalá-los. Alguns cabos curtos não custam muito, mas quando você tem que comprar e colocar muitos metros, isso se transforma em algo que você realmente deve considerar. Mesmo que você tenha uma boa configuração cabeada, você sempre deve oferecer uma boa conexão via Wi-Fi. Muitos computadores modernos e todos os smartphones não possuem uma porta para conectar a Ethernet (apesar de existirem vários adaptadores que podem ser facilmente comprados).

Quando for configurar a sua rede Wi-Fi, você deve considerar criar uma rede separada para seus eventos se tiver uma grande área de eventos. Isso vai evitar a grande quantidade de novos aparelhos se conectando para prejudicar o trabalho dos seus membros. Você vai descobrir que muitos espaços de coworking usam pontos de acesso Wi-Fi domésticos e outros usam equipamentos mais profissionais. Independente de qual você usar, esteja pronto para ter dores de cabeça: Wi-Fi é um pouco mais complicado de gerenciar do que parece. Quando você comprar os seus pontos de acesso (roteadores), vale comprar equipamentos que possam trabalhar tanto na frequência de 5GHz quanto na de 2.4GHz. Dependendo do sistema operacional do seu computador ou smartphone, você terá diferentes ferramentas para te auxiliar a gerenciar a conexão de internet[91].

Nenhum de nós oferece um servidor centralizado para os coworkers guardarem informações e arquivos. Todos eles contam com opções muito melhores ao alcance de seus computadores, como Google Drive e Dopo. Nós também não configuramos computadores para eles trabalharem. Nós temos alguns computadores velhos caso alguém quebre o computador e podemos ajudar por alguns dias, mas só isso. Seus membros estarão mais felizes com seus próprios equipamentos, mesmo antigos, do que com o seu.

IMPRESSÃO E SCANNER

O volume de impressões sendo feitas em um espaço de coworking geralmente é pequeno, uma vez que a maioria dos arquivos são compartilhados online, mas algumas pessoas precisam imprimir documentação para cursos que estão dando, projetos para clientes, planos etc. Algumas profissões precisam trabalhar mais com papéis (como advogados e arquitetos).

Na minha experiência, não vale a pena comprar uma impressora grande com cartões de impressão ou contas por cliente. É um investimento e um trabalho muito grande para uma coisa que é raramente usada. Na workINcompany a impressão é gratuita e no Betacowork há uma "caixinha" na impressora. Tente ter uma impressora laser, basicamente preta e branca: elas são

---

91. Você encontra uma seleção de ferramentas em http://coworkinghandbook.com/tools

mais rápidas, você terá que comprar menos toner de tinta e terá um melhor preço por página.

Mais pessoas utilizarão o scanner, mas nem tantas pessoas assim. Nossos smartphones são bons para escanear algumas páginas, mas nos momentos das tarefas administrativas e contábeis a vida vai ser mais fácil se você tiver um scanner em que você possa colocar um monte de páginas. O uso do scanner é gratuito em todos os espaços que conheço. O scanner ocupará menos espaço se for integrado com a impressora.

CAFÉ, CHÁ, PETISCOS

Como gerenciar café, chá, bebidas e petiscos mudam de acordo com cada espaço de coworking. Alguns oferecem café de graça, outros têm máquinas de vendas, outros têm caixinhas para pagar por eles. A maioria dos espaços cobra pelas bebidas e guloseimas. Café feito na cafeteira é barato e pode ser utilizado como chamariz de marketing. O que quer que você escolha, considere a renda que tem por cliente, os custos e a quantidade de trabalho relacionada a isso. Quanto menos envolvimento você tiver, melhor.

A não ser que você tenha uma cafeteria no seu espaço, esta não será uma fonte de receita significativa. Não gaste muito tempo com isso.

Quando você repuser o seu estoque, lembre-se que ocupa espaço. Onde você irá armazenar? Quanto espaço você tem? Eles vão estragar se você não vender logo? Quantas unidades os coworkers consomem por semana? Só tem uma coisa que você sempre deve ter: café.

Nós também damos aos nossos coworkers a liberdade de trazer seu próprio café, sua bebida e comida para o nosso espaço de coworking. Desde que eles mantenham tudo arrumado, nós estamos felizes se eles estiverem felizes.

Finanças do coworking: como ser lucrativo

Uma das principais perguntas que são feitas em conferências, artigos e conversas é se um espaço de coworking pode ser lucrativo. A resposta curta é SIM, mas tudo depende das receitas e despesas, como qualquer outro negócio.

Neste capítulo, nós vamos lidar com o lado monetário do coworking, mas como todas as outras seções deste livro, é parte do todo. As decisões que você tomar quanto aos planos que oferecer, por exemplo, têm um impacto profundo no tipo de comunidade que você vai formar. Apenas se lembre disso e não se deixe levar pelos números. Ah, e lembre-se que sempre tem mais de uma forma de fazer a coisa certa.

UM ESPAÇO DE COWORKING PODE SER LUCRATIVO?

SIM. Existem vários exemplos ao redor do mundo de espaços de coworking e colaborativos que estão fazendo dinheiro suficiente para pagar todas as suas despesas, divulgação e pessoas; gerando receita suficiente para investir em melhorias e reformas no espaço; abrindo novas filiais; e também guardando dinheiro para o futuro.

Como qualquer outro negócio, também há pessoas passando por momentos difíceis para conseguir ter mais receita do que despesas, o que está levando alguns a fecharem as portas. Não deixe isso desencorajá-lo; você está se preparando da melhor maneira que alguém poderia se preparar. Neste capítulo nós vamos trabalhar para te colocar e manter no lado vitorioso.

UM ESPAÇO DE COWORKING DEVE SER LUCRATIVO?

SIM. Sem lucro, não há sustentabilidade e o espaço não durará. Terá um momento onde o peso das despesas será tão grande que a única solução possível será fechar as portas e seguir em frente. O peso psicológico que você vai carregar como empreendedor também vai atingir um ponto onde você não vai mais querer lidar com o negócio, então facilite pra você e trabalhe pelo lucro desde o começo.

MAS EU SOU UMA ORGANIZAÇÃO SEM FINS LUCRATIVOS!

Uma organização sem fins lucrativos é apenas uma entidade que não distribui o lucro entre seus associados: a organização usa qualquer lucro que tenha sobrado dos anos anteriores para ser capaz de continuar suas atividades e expandí-las no futuro. Apenas porque a sua organização não é comercial, não quer dizer que você não possa ganhar mais dinheiro do que gasta, na verdade você deve: quanto mais dinheiro você ganhar, mais dinheiro você pode gastar fazendo o bem.

Uma discussão completamente diferente é o registro legal que você deve usar para o seu espaço de coworking ou colaborativo. Se você está apenas gerenciando um espaço de coworking que não é parte de uma oferta global ou de uma organização sem fins lucrativos, você não deve se preocupar. Na verdade, na maioria dos casos você deve usar uma limitada (LTDA – ou como quer que se chame no seu país), que faz com que seja mais fácil tomar decisões, transferir propriedade e cotas, pegar empréstimos etc. Claro, quando falamos sobre os aspectos legais, a melhor solução é entrar em contato com um advogado local: as leis são diferentes em cada país e eles conhecem melhor as vantagens, desvantagens e riscos de cada uma delas.

PLANEJAMENTO E PREVISÃO

Não importa quanta pesquisa você faça ou quão bom você é em estimativas, previsões e planejamento, você não pode enxergar o futuro. A diferença entre uma previsão boa ou ruim depende da qualidade do seu trabalho e quão educados são seus clientes. Eles são clientes educados porque você os pesquisou e você está fazendo o que acha certo baseado nesta pesquisa. Não é um sistema de confiança, você não está criando um culto onde todos devem acreditar nos seus números independente do que a realidade mostra.

O que realmente importa é que você tenha boas informações sobre o seu negócio para que você possa agir e corrigir o que quer que esteja acontecendo diferente do esperado. Você terá uma melhor compreensão das entranhas do seu ramo e indústria.

Faça a sua previsão o mais simples possível. Se você acrescentar muitos detalhes, vai ter muito trabalho extra e a possibilidade de cometer erros sem muito valor em troca. Você pode, por exemplo, acrescentar todos os custos relacionados ao aluguel do seu espaço no mesmo cabeçalho (taxas, impostos etc.).

Sempre escreva o que você acredita ser o mais próximo da realidade. Em caso de dúvida, coloque a maior despesa e menor receita no intervalo que você estiver considerando.

Os números básicos podem ser feitos apenas adicionando e subtraindo algumas linhas em um pedaço de papel. Se você acrescentar as despesas de um ano inteiro, você vai saber quanta receita precisa para começar a ganhar um lucro. É uma maneira rápida de enxergar o tamanho do negócio. Adicione a receita máxima estimada e você vai saber quanto vai ganhar ou perder.

Não se desanime pela performance da sua empresa nos primeiros meses, leva tempo e esforço para chegar ao ponto que seu investimento começa a voltar.

Para ter uma compreensão melhor no longo prazo, o melhor é usar um computador e uma planilha e fazer um planejamento financeiro para três anos. Você terá todo tipo de modelos e ferramentas que possa usar. É bom você mesmo construir a sua planilha: te dará mais conhecimento sobre o seu negócio. Se você não sabe como fazer isso, você pode baixar um exemplo do site do Coworking Handbook[92]. Você pode encontrar ajuda financeira profissional em sua volta facilmente se você pagar, e mesmo que não tenha dinheiro para gastar, você sempre pode procurar em seu círculo de amigos e conhecidos ou conseguir ajuda da sua universidade ou órgãos públicos que apoiam empresas em sua área.

Mesmo que sua planilha permita que você aumente receitas e despesas infinitamente, a realidade não permitirá isso: limite seu crescimento de acordo com o tamanho do seu espaço (ou

---

92. As planilhas financeiras do coworking e outras ferramentas podem ser encontradas em http://coworkinghandbook.com/finance

seja, você só pode vender para as pessoas o número de cadeiras que tiver).

MODELO DE NEGÓCIOS

O termo "modelo de negócios" pode ser usado para falar de diferentes coisas, exatamente igual ao termo coworking. Neste livro é usado com o mesmo sentido que Alexander Osterwalder e Yves Pigneur usaram no livro "Business Model Generation"[93]:

> *"Um modelo de negócios descreve a análise racional de como uma organização cria, entrega e agrega valor."*

Pode soar um pouco esotérico, mas há muita sabedoria nesta frase. Trocando em miúdos: o modelo de negócio é a representação da estrutura do seu negócio, levando em consideração seus clientes e produtos ou serviços. Abrange os fundamentos do seu negócio e o raciocínio para ele:

- Proposta de valor (o que você oferece);
- Quem é o seu cliente e como chegar até ele;
- Suas fontes de renda e custos principais;
- Seus recursos principais;
- Seus parceiros e fornecedores.

O segredo é entender os seus clientes, o que eles querem, como você pode entregar isso para eles e como ganhar dinheiro com isso. Todas essas coisas são importantes, mas o seu foco

---

93. Mais informações e downloads em: http://www.businessmodelgeneration. com Muito recomendado se você está trabalhando em novas ideias de negócio.

principal tem que ser os clientes: sem eles, não existe uma empresa! É muito mais importante desenvolver seus clientes do que seu produto.

Eu conheci vários empreendedores que focavam somente nos custos e isso é um erro. Você pode ter espaço grátis, móveis grátis e café grátis, mas se você não oferecer algo que as pessoas realmente queiram, você não vai ganhar um centavo, vai perder seu tempo, e isto é uma coisa que você não vai querer fazer. Isso não quer dizer que os custos não são importantes, eles são, mas você deve focar primeiro nos clientes e depois descobrir os custos e tenta reduzi-los.

A forma como você define o seu modelo de negócio tem um impacto em muitos aspectos diferentes da sua empresa, não apenas no lado financeiro. Ter muita flexibilidade e planos vai impactar no seu custo administrativo, no seu marketing, na dinâmica do seu espaço etc. Você não tem que pensar em tudo o tempo todo, mas lembre-se disso e faça testes.

O modelo de negócio do coworking não é complicado; na verdade, eu vou te mostrar agora. Entretanto, lembre-se que você é o mestre da sua empresa e é você que vai decidir enfatizar uma parte ou outra, o que mudará o resultado e a análise racional, além das suas ações.

Quanto mais você fala sobre negócios, mais você vai encontrar pessoas que perguntam qual é o seu modelo de negócio. A maioria só quer saber qual é a sua fonte de renda. Você é quem sabe. É você que vai decidir se você quer educá-los, dar o que eles querem ou mudar de assunto.

A sua empresa é muito mais que um plano de negócio; a parte mais importante é a execução: como você transforma esse modelo em realidade.

Um modelo de negócio não é um plano de negócio, mas vai te ajudar a preparar um se você precisar. Ambos são ferramentas para entender melhor a sua atividade.

MODELO DE NEGÓCIO CANVAS DO COWORKING

Aqui está o modelo de negócio do coworking usando o Canvas. Eu enfatizei o coworking e os coworkers, pois é feito em torno deles. Se você quiser conduzir um espaço mais centrado em eventos, salas privativas ou qualquer outro tipo de negócio, você deve fazer um canvas focado nisso.

Parceiros-chave:	Atividades-chave:	Proposta de valor:	Relacionamento com os clientes:	Segmentos de clientes:
• Influenciadores • Provedores de serviços de internet • Proprietário • Investidores/banqueiros	• Introdução e facilitação • Construção de comunidade	• Ambiente profissional e networking • Aumento de produtividade • Equilíbrio entre vida pessoal e profissional • Flexibilidade • Eficiência de custo	• Facilitação e networking • Comunidade • Presencial • Online	• Profissionais • Freelancers • Empreendedores • Trabalhadores por telefone
	Recursos-chave: • Boa conexão de internet • Premissas profissionais • Sala de reunião		**Canais:** • Site • Eventos • Mídias sociais • E-mail • Relações públicas	

Estrutura de custos:	Fluxo de receitas:
• Aluguel • Água, luz, condomínio etc. • Pessoal • Marketing • Manutenção • Jurídico	• Planos de coworking (fixos ou flexíveis) • Eventos • Salas de reunião

Lembre-se de que nem todos os elementos têm a mesma importância ou impacto. Tente sempre manter o mais importante no topo da lista e o menos importante no fim, como um lembrete visual.

É uma boa ideia fazer um novo canvas para cada uma das principais fontes de renda que você esteja planejando[94] para entender melhor seus clientes e suas necessidades. Baixe o canvas[95] e use. Você pode começar fazendo o canvas para eventos no seu espaço. Quando você tiver, compartilhe com todo mundo[96].

TAMANHO OTIMIZADO

O tamanho do seu espaço de coworking limita as possibilidades de crescimento. Você pode criar um bom empreendimento apenas com o coworking, mas vai precisar de pelo menos 30 lugares para estar financeiramente confortável. Lembre-se que você também vai querer algumas pequenas salas de reunião e, se possível, uma sala maior para cursos e eventos. Ter uma área para os coworkers almoçarem também é muito importante para os seus esforços ao construir uma comunidade e esse espaço também pode ser usado como um ponto de encontro (mais sobre isso nos capítulos Espaço e Comunidade).

Se você quer ganhar mais dinheiro, você tem que ir para um espaço grande (em um ou vários locais) e também acrescentar salas privativas nas quais você possa alocar as empresas que

94. Tenha algumas ideias alternativas de modelos de negócio em http://www.deskmag.com/en/profitable-coworking-space-business-models-189
95. Você pode baixar o canvas original com explicações em: http://www.businessmodelgeneration.com/downloads/business_model_canvas_poster.pdf
96. Você pode compartilhar o seu modelo de negócios aqui: http://coworkinghandbook.com/coworking-business-model-canvas

estão crescendo pra sair do seu espaço por conta das mudanças em suas dinâmicas. É mais difícil conquistar novos clientes do que manter os antigos.

PONTOS-CHAVE FINANCEIROS PARA PRESTAR ATENÇÃO

Esta é uma lista explicativa dos principais indicadores financeiros que você vai encontrar. É uma ótima introdução para pensar no modelo de negócio; eles serão alguns dos aspectos mais importantes do seu empreendimento.

Lembre-se que, nos negócios, nada é escrito em pedra: negocie, negocie e negocie. Mesmo após assinar um contrato, se as coisas mudarem ou se você não estiver no nível que deseja, você sempre pode tentar negociar.

Break even (Ponto de equilíbrio)

Break even é o ponto onde a sua receita e as suas despesas são iguais. Não é exatamente um objetivo (afinal, se você não gasta nada, mas também não ganha nada, você não está conquistando nada), mas marca pontos de inflexão importantes sobre a sua empresa.

Há duas maneiras de olhar para o break even, dois pontos de inflexão que dizem muito sobre o seu empreendimento. Você descobre quais são adicionando todas as suas receitas e então subtraindo todas as suas despesas mensalmente, com os dados reais da sua empresa ou com as previsões que você criou. Você pode criar um gráfico com estas informações e poderá ver o caminho para o lucro e além.

Existem dois pontos de break even que você tem que se preocupar: quando você ganha mais dinheiro do que gasta (é quando o seu gráfico começa a crescer), o que significa que você está se tornando sustentável; e quando você ganha dinheiro suficiente para cobrir o seu investimento inicial (você cruzou a linha que divide lucro de perda) e começa a fazer um lucro líquido real. Lembre-se destes pontos e trabalhe com perspicácia para atingí-los o mais rápido possível, independente de quanto trabalho for necessário.

Receitas e despesas

Receitas e despesas são os principais indicadores financeiros que você deve observar, em suas previsões e no histórico da sua empresa. Quando você está começando, não haverá nenhum histórico, mas a cada mês você terá um pouco mais de dados e você deve atualizar seus documentos de acordo com estes dados novos. Comparar a realidade do seu negócio com a previsão que você fez é útil para entender o que está acontecendo, os impactos no futuro e para tomar as atitudes necessárias quando perceber que as coisas não estão andando como deveriam. Não é um teste sobre as suas previsões; ninguém tem uma bola de cristal para enxergar o futuro, todos nós fazemos suposições e nos adaptamos pelo caminho.

Custos fixos *versus* custos variáveis

É importante entender a diferença entre custos fixos e variáveis e saber como transformar custos fixos em variáveis.

Custos fixos são aqueles que não mudam com suas vendas e utilização do espaço. Por exemplo, seu aluguel geralmente é um custo fixo; você tem que pagar a mesma quantia, independente da quantidade de clientes que tenha ou quantas pessoas utilizam o seu espaço.

Custos variáveis são aqueles que mudam de acordo com suas vendas ou utilização. Por exemplo, você pode estar em um prédio em que o acesso a uma sala de eventos seja por meio de aluguel por hora, logo, você só paga quando organizar um evento.

Alguns custos têm componentes fixos e variáveis, como energia elétrica e conta de telefone.

É de seu maior interesse ter custos variáveis, para que você pague mais de acordo com o seu crescimento, mas não precise pagar muito quando começar e ainda não tiver muitos membros. Se você inaugurar um espaço de coworking com zero clientes e tiver que pagar um aluguel todo mês, esta despesa vai se acumular e vai demorar um tempo para você ter o retorno. Se você divide a receita com o proprietário para pagar o aluguel, você só pagará baseado na receita e terá um custo variável de aluguel.

Se você conseguir transformar suas grandes despesas em custos variáveis você irá atingir o lucro muito mais rápido com um lucro menor. Aqui estão algumas formas de transformar custos fixos em variáveis:

Se você tiver dificuldades com as despesas, tente dar um jeito, seja com dinheiro ou com soluções alternativas (como compartilhando a renda com o proprietário ou negociando meses grátis de aluguel). Não há mágica; tudo depende das suas habilidades de negociação e vontade da outra parte.

Construa bons relacionamentos com seus fornecedores e você terá melhores oportunidades de conseguir bons negócios e de renegociar. Tente não deixar coisas importantes para o final (como o que você pode e não pode fazer no espaço, reserva de espaços disponíveis etc.). Será muito mais difícil mudar o acordo e negociar se você já tiver assinado um contrato. Sempre deixe a outra parte fazer a oferta inicial e não se sinta obrigado a permanecer em um determinado intervalo de preço ou condições: você tem que conseguir um acordo que seja bom para você e para sua empresa.

Principais fontes de receita e despesa

Receita

Se você realmente está no ramo de coworking, o grosso da sua receita será obtido pelas mensalidades dos membros do seu espaço de coworking. Não há problema tentar conseguir outras formas de receita[97], mas você tem que decidir qual é o seu produto principal e focar nele.

Eventos funcionam financeiramente para alguns espaços, mas para a maioria são uma maneira de estarem ativos na comunidade local e divulgarem o espaço atraindo pessoas.

---

97. Este artigo da Deskmag baseado em sua pesquisa anual tem alguns dados interessantes. A receita média baseada no aluguel do espaço para eventos e salas de reunião é somente 10% da receita total de um espaço de coworking: http://www.deskmag.com/en/ how-profitable-are-coworking-spaces-177

Patrocínio com um pequeno número de membros no espaço de coworking (mesmo que você tenha mais de cem) é muito difícil. Você provavelmente vai conseguir patrocínio de alguma forma, mas não em dinheiro. Subsídios podem ser considerados uma forma de patrocínio. É bom ter um dinheiro extra, mas geralmente significa muito trabalho administrativo e algumas restrições: você nunca deve ter como base para a viabilidade do seu negócio subsídios e doações. Eles são fontes de receita voláteis, podem desaparecer rapidamente, sem aviso, e deixar um grande buraco.

Serviços são, principalmente, uma pequena fonte de receita e uma grande fonte de esforço e que geram pouco valor entre os membros. Muitos espaços de coworking estão buscando nos serviços novas formas de conseguir dinheiro para a empresa acima da oferta comum, mas não é fácil encontrar algo relevante e grande o suficiente. A maior parte dos serviços que os espaços de coworking oferecem são parte da oferta principal, então eles não são cobrados separadamente. Serviços como encaminhar e-mails, oferecer linhas telefônicas, entre outros, são alguma coisas que farão com que seus membros não participem da comunidade (aqueles que só querem um escritório virtual), ou vão te dar muito trabalho por uma coisa que eles podem conseguir em outro lugar (como um número de telefone com qualquer um dos vários provedores VoIP). Café, bebidas, guloseimas etc. podem ser grátis ou pagas, mas não serão uma grande fonte de renda, a não ser que você abra uma cafeteria-bar-restaurante.

Despesas

As **despesas** principais serão **aluguel, pessoas** e **serviços**. Ponha todos os custos inclusos neles: aluguel tem que incluir o IPTU, pessoal tem que incluir todas as despesas com INSS, FGTS e outras taxas que você tenha que pagar, taxas compartilhadas para manutenção do seu prédio, internet etc.

Impostos dependem muito da sua localização. Os principais impostos que você deverá se preocupar ao inaugurar um espaço de coworking são geralmente associados ao aluguel ou à propriedade do seu espaço. Dependem do seu país, região e cidade. Se certifique de conhecê-los: aquele aluguel barato pode ser bem mais caro do que você imaginava! Se informe antes de contratar alguém para saber a quantidade de encargos que você terá que pagar além do salário.

Algumas empresas não precisam pagar nenhum imposto até que consigam ter lucro, outras terão que pagar um determinado valor só para que a empresa funcione. Consiga estas informações e adicione ao seu plano. Se os impostos dependem do lucro, eu espero que você tenha que pagar muito bem rápido (porque significa que você está tendo muito lucro)!

Você também terá custos relacionados à parte **jurídica, contabilidade** e à criação da sua empresa. Arrume ajuda profissional para os aspectos legais e financeiros se você puder pagar (significa muito menos trabalho e dor de cabeça, enquanto você foca em desenvolver o seu negócio). Você pode ir a uma firma ou profissional, ou pode conseguir ajuda de uma das muitas instituições e organizações que existem ao redor do mundo para ajudar empreendedores. Procure por elas em sua cidade, região, universidade... em todo lugar! Elas não só vão te dar modelos para usar, mas também mentoria e elas podem às vezes ajudar com os próximos passos e com as finanças. Você deve falar com seus amigos e conhecidos para ter conselhos e contatos.

Alguns desses serviços vão ser gratuitos ou terão um pequeno custo. O mais importante para você é encontrar a combinação perfeita e a melhor maneira de fazer isso é conversar com pessoas que trabalharam com eles antes. Pergunte sobre os honorários logo no início. Geralmente o primeiro encontro é gratuito e serve para que um conheça o outro e a situação. Não hesite em pedir referências. Meu tabelião tem me ajudado muito a entender as diferentes estruturas legais disponíveis na Bélgica, suas vantagens e desvantagens. E foi parte do processo de criação da empresa, então eu não tive que pagar a mais por isso.

PREÇO E PLANOS DE COWORKING

Quando você cria a oferta dos diferentes planos de coworking, você basicamente tem dois modelos:

- **Plano simples:** Todos os membros pagam a mesma quantidade de dinheiro, independente do uso que fazem do espaço. Isso reduz a carga de trabalho administrativo, mas ao mesmo tempo reduz a quantidade de pessoas que se juntarão à sua comunidade, pois a sua oferta pode não atender às necessidades deles;
- **Planos múltiplos:** Os membros escolhem seus planos de acordo com o uso que farão do espaço. É geralmente

baseado na quantidade de horas que eles podem usar e se eles têm um espaço específico dedicado a eles ou não. Isto pode significar mais receita e uma comunidade maior, mas em troca você terá mais administração para fazer.

E então você tem a fonte de muita discussão entre gestores de coworking: a escolha entra planos fixos e flexíveis.

PLANOS FIXOS *VERSUS* PLANOS FLEXÍVEIS

A escolha entre estações fixas, flexíveis ou uma mistura de ambas tem um grande impacto no seu modelo financeiro (e também na comunidade, no volume de trabalho, no marketing etc.) Uma boa forma de visualizar é pensar como se fossem estacionar na cidade. Quando você tem um lugar reservado pra você na frente da sua casa ou trabalho é ótimo porque você pode estacionar quando quiser. O problema é que ninguém mais pode estacionar lá, mesmo que o seu carro não esteja usando o espaço, então geralmente está vazio quando você não está. Se alguém estacionar lá será a causa de perturbações e vibrações ruins para você e para eles.

Se ao invés disso, você estacionar em um lugar onde qualquer um possa usar, assim que você sair outra pessoa pode estacionar, você fará um uso mais eficiente do espaço e permitirá que mais pessoas estacionem. A desvantagem é que talvez você tenha que dar algumas voltas para achar uma vaga (se você conseguir ter um espaço cheio assim, parabéns)!

Quando você pensa no uso dos lugares disponíveis que tem, você deve lembrar que espaços flexíveis permitem que você ganhe mais dinheiro por estação. Para calcular a receita, simplesmente faça uma estimativa do Equivalente ao Tempo Integral (ETI). Aqui está um exemplo com um cliente flexível:

- **1 dia por semana:** cada novo membro equivale a 0,2 ETI (5 dias da semana para uma posição);
- **Meio período:** cada um equivale a 0,5 ETI (metade de um membro integral)
- **Período integral (fixo ou flexível):** cada um equivale a 1 ETI.

Se você olhar para os diferentes planos de preço, você vai poder ver o total por estação que você pode ganhar potencialmente com a capacidade cheia:

	Preço*	Pessoas por ETI/estação	Total (preço x ETI)
1 dia por semana	80	5	400
Meio período	130	2	260
Período integral	225	1	225

*valores hipotéticos

Agora imagine que você tenha um espaço com 30 posições, aqui está o que isso pode significar pra você todo mês:

	Preço	% de estações	Quantidade de estações	Pessoas por ETI/estação	Pessoas	Total (preço x estações x ETI)
1 dia por semana	80	60%	18	5	90	7.200,00
Meio período	130	25%	7,5	2	15	1.950,00
Período integral	225	15%	4,5	1	4,5	1.012,50
Total			30		109,5	10.162,50

Se todos fossem "estação fixa":

	Preço	% de estações	Quanti- dade de esta- ções	Pessoas por ETI/ estação	Total (preço x estações x ETI)
Estação fixa	225	100%	30	1	6.750

Mais de 3.000 de diferença em dinheiro (seja real, dólar, euro ou o que você preferir), mais uma comunidade de 109 pessoas contra 30 pessoas. Para ter a mesma quantia de dinheiro com a opção de posição fixa, você teria que cobrar 338,75 – uma diferença de preço considerável.

Brinque com os preços que você tem em mente, o número de estações e a sua moeda local e você terá uma noção melhor das possibilidades do seu espaço. Esta é a sua decisão e você sempre pode mudar a sua fórmula baseado em como as coisas estão indo.

Perceba que eu considerei capacidade máxima para estes exemplos: quando você está começando e não tem membros suficientes, você quer conseguir o maior número possível de coworkers, não importa o plano que eles queiram. Quando as coisas começarem a melhorar, seu interesse financeiro é ter o máximo de membros flexíveis possível, para que você ganhe mais dinheiro por estação. Você vai ficar atônito (menos se já frequentou alguma academia), mas com planos flexíveis você vai descobrir que muitas pessoas não usam todas as suas horas todo mês, o que acaba significando que, ao contrário da teo- ria, você pode ter mais que uma pessoa (um ETI) por estação, o que é especialmente verdadeiro para os membros de tempo integral em posição flexível. Esta é uma boa notícia: você tem uma comunidade maior e está ganhando mais dinheiro.

Você pode ter um impacto nos tipos de planos disponíveis para os coworkers usando preços diferentes, limitando a disponibilidade, estimulando mudança de planos etc. Se você cobrar uma taxa mais alta por planos de posição fixa, faça com que seja suficientemente alta para ser uma mudança significante; quanto maior a diferença de preço, menos pessoas estarão propensas a pagar, a não ser que realmente enxerguem um valor para isso. Você vai descobrir que alguns coworkers vão pagar o plano mais caro só porque é o plano mais caro. Se certifique que seja mais vantajoso para vocês dois.

SE PAGUE

Você e seus sócios, se você tiver, também precisam se pagar e ganhar dinheiro suficiente para estarem felizes fazendo este trabalho. Vocês podem não se pagar no início, ou podem atrasar alguns pagamentos, mas vocês têm que conseguir ganhar a vida com isso. Não esqueça de quantificar o seu salário e incluir no planejamento financeiro.

MARKETING

Eu falo sobre marketing em um capítulo próprio neste livro. Aqui vamos ver as implicações financeiras mais importantes dele.

Sem marketing, não há vendas, logo não há receita. É muito mais importante do que o formato do seu espaço, as mesas que você usa etc. Não o subestime, a maioria dos empreendedores fazem isso. Se você tiver que começar do zero (você não tem uma grande rede de contatos, nem interessados, nem marca,...) você vai ter que investir muito tempo e esforço com marketing e, provavelmente, dinheiro também.

Não existe marketing grátis. Todos os esforços de marketing se traduzem em uma despesa de recursos pra você, seja de dinheiro, tempo, energia, custo de oportunidade (porque você está trabalhando no marketing, você não pode trabalhar em outra coisa) etc. A ferramenta pode ser gratuita (como Twitter ou e-mail), mas os recursos que você dedica para isto não são. Você deve levar isso em consideração, porque se você passa muito tempo se dedicando ao marketing, talvez você tenha que contratar alguém para fazer o resto do trabalho, e isso terá um impacto na sua conta bancária.

Twitter, Facebook e e-mail podem ser gratuitos como ferramentas, mas anunciar neles, utilizando ferramentas profissionais, e ter o conhecimento necessário para utilizá-los tem um custo. Você pode gastar muito em publicidade e ferramentas para um baixo impacto, mas também pode gastar pouco e obter melhores resultados. Se você não tem o conhecimento para isto, terá que investir se desenvolvendo ou contratando alguém que saiba como trabalhar o marketing.

DINHEIRO É O IMPERADOR DO SEU UNIVERSO

O ditado diz que "dinheiro é rei", mas isso é uma atenuação. Se a sua empresa está indo bem nos livros, mas não tem grana no banco, você está fora do negócio.

Seja pago o mais rápido e regularmente que puder. Vá atrás do dinheiro, não deixe as contas descansarem. Você não deve ser rude, mas envie lembretes e fale com as pessoas quando os pagamentos não estiverem chegando a tempo. Sempre faça os coworkers pagarem adiantado e mantenha um depósito caso algo saia errado ou eles quebrem alguma coisa. Para os eventos, peça uma taxa de confirmação (dinheiro para confirmar que a inscrição está realizada) e para ter o resto do dinheiro antes do evento.

Trabalhe olhando em frente para ter certeza de que tem uma margem caso problemas cheguem: bancos estão mais propensos a te dar uma linha de crédito quando você tem dinheiro em conta; então peça quando tiver dinheiro. Construir uma boa relação com o gerente e funcionários do seu banco também ajuda. Ter uma linha de crédito significa que você tem mais tempo, mas também que você deve mais para o banco; leve isso a sério e trabalhe para quitar qualquer dívida e problema financeiro que tenha.

DECLARAÇÕES FINANCEIRAS

Dependendo do seu país e se você está pedindo dinheiro de bancos e investidores, você normalmente não é obrigado a usar nenhum tipo de documento financeiro formal. Se precisar, estas são as declarações financeiras mais comuns:

- **Lucro e perda | declaração de renda | declaração de receita | declaração de performance financeira | declaração de ganhos | declaração de operação | declaração operacional:** muitos nomes diferentes para um documento que mostra as receitas e despesas de uma empresa em um dado período (geralmente um ano).

- **Declaração de fluxo de caixa:** contém a movimentação do que entra (você recebe) e o que sai (você paga). É feito por ano e o resultado é quão mais ou menos dinheiro você tem no banco naquele ano. Sempre mantenha o olho aberto no seu dinheiro.

- **Planilha de balanço:** é um resumo dos balanços financeiros da sua empresa. Te dá uma visão da condição financeira do seu negócio em um determinado momento. Contém ativos, passivos e distribuição societária (cotas) da empresa. Ele fornece o patrimônio líquido da sua empresa no momento.

JARGÕES FINANCEIROS

Quando falar sobre finanças e examinar declarações financeiras, você encontrará alguns termos que soam complicados, mas não são. Aqui estão alguns deles:

- **Ativos:** coisas que você possui e que pode converter em dinheiro. Dinheiro também é um ativo.

- **Conclusão, última linha (Bottom line):** é, literalmente a linha no final da sua declaração financeira, que diz se você está ganhando dinheiro (preto) ou perdendo (vermelho).

- **LAJIDA (EBITDA, em inglês):** Lucro Antes de Juros, Impostos, Depreciação e Amortização. Essencialmente, é o seu lucro líquido. Te dá uma ideia da lucratividade operacional atual da empresa.

- **Capital próprio:** a propriedade que você tem da empresa, geralmente expressa percentualmente. Você pode transformar isso em dinheiro se vender e se algum lucro for distribuído entre os sócios, mas se houver falência, você será o último a ser pago se sobrar alguma coisa.

- **Lucro/perda bruto(a):** A diferença entre sua receita e o que custa para você fabricar o produto ou fornecer o serviço que é a fonte da renda (o que é conhecido como custo das mercadorias vendidas).

- **Passivo:** O que você deve. Pode ser dinheiro ou outro tipo de obrigação que possa ser traduzida em um custo significativo (como provisão de serviços). Também é usado para declarar que você é o responsável por algo.

- **Liquidez:** Dinheiro é o ativo mais líquido. Quanto mais dinheiro ou coisas que possam ser facilmente trocadas por dinheiro você tiver, mais liquidez você tem.

- **Renda líquida/lucro/perda:** Sua última linha (Bottom line). Toda a receita menos todas as despesas, incluindo coisas como impostos, depreciação e amortização.

- **Valor Líquido Presente (VLP):** Um real (um dólar, euro, yen, ou qualquer que seja a moeda que você utiliza) hoje não vale a mesma coisa que um real daqui a um ano, por causa de coisas como a inflação: você será capaz de comprar menos. Isto é conhecido como o valor do dinheiro no tempo. Valor líquido presente é usado para calcular o desempenho do seu negócio no tempo, levando em conta a perda de valor da sua moeda local; faz uma mágica de cálculos para dar o valor total do seu investimento na cotação de hoje, levando em consideração que as receitas e despesas de amanhã valerão um pouco menos que hoje.

- **Exigências de capital de giro:** a quantidade de dinheiro que você precisa para manter a sua empresa funcionando enquanto paga suas obrigação com fornecedores, empregados etc.

ARRUME UM CONTADOR

Se você gosta de contabilidade e sabe fazer, vá em frente e faça você mesmo. Se não, contrate um contador e se concentre em expandir o seu negócio. Ele conhece a lei e o trabalho dele. Deixe-o cuidar da parte administrativa que não agrega valor ao seu negócio e você cuida de aumentar a receita e o número de clientes.

Legal:
coworking e a lei

As diferenças das leis de país pra país faz com que seja impossível detalhar este tópico. Por outro lado, eu posso te ajudar a entender o que é importante para considerar. Seja o que você decidir fazer, é sempre bom descobrir como os outros estão fazendo as coisas e, se puder, ter um advogado para conversar.

Muitos espaços de coworking e empresas foram e serão criadas sem utilizar advogados, o que introduz alguma incerteza e risco (menos se você fizer seu dever de casa). A não ser que tenham obrigações legais no seu país, você geralmente é livre para decidir se quer fazer isso de maneira informal ou com consultoria legal. Eu vou recomendar o que penso ser melhor; você faz como preferir, é a sua empresa.

Sendo o coworking um conceito tão novo, pode ser que você não encontre informações legais específicas, relacionadas a isto, mas isto não quer dizer que você não possa se informar para tomar uma decisão. Fale com outros empreendedores, tente achar um semelhante (algo parecido com um espaço de coworking, como uma academia ou uma escola) que possa usar como referência (ou, ainda melhor, outro espaço de coworking), veja os termos e condições dos outros espaços, converse com advogados (se aproveite de conferências para ter acesso gratuito a eles) e trabalhe a partir daí. Você é um empreendedor, você vai se acostumar a tomar decisões sem todo o conhecimento e referências necessários.

De qualquer forma, você quer conhecer as suas responsabilidades pessoais, a responsabilidade da sua empresa, como fazer valer os seus contratos e o quão vinculativos eles serão, o quanto você pode ser rígido baseado no contrato, caso algo vá errado, e muito mais coisas.

Se você trabalhar com um advogado ou não, você nunca vai atingir a perfeição. Você sempre vai descobrir coisas que não tinha imaginado. Se puder, conserte-as. Se não puder, viva com elas.

CONSIGA CONSULTORIA LEGAL PROFISSIONAL SE PUDER

Consultoria legal parece cara para alguns novos empreendedores, mas pode te poupar de muita dor de cabeça e pode evitar questões que possam matar o seu negócio no futuro. Advogados e tabeliões são os consultores legais mais comuns que você vai ter contato. Eu tive muita ajuda do meu tabelião, que explicou as diferenças, vantagens e desvantagens de todas as estruturas legais disponíveis na Bélgica.

Para conseguir um bom advogado, peça indicação das pessoas. Uma avaliação qualificada de alguém que você confia (pode ser somente um comentário) pode ser bem útil. Você pode trabalhar com um advogado independente ou um escritório. A vantagem do escritório é que se o seu advogado não for um especialista no assunto que vocês estiverem discutindo, ele ou ela pode rapidamente conseguir ajuda de um especialista no escritório.

Você pode ter o mesmo advogado para todos os sócios, mas se você quer ter certeza de que alguém defenda seus interesses, tenha um advogado só pra você.

Você deve avaliar os advogados que você escolher. Conheça-os e tenha uma primeira conversa sobre o que você quer fazer. Geralmente a primeira reunião é de graça. Você deve analisar:

- Os honorários. Se você está começando, eles provavelmente tem um valor especial.
- A experiência trabalhando em um ramo semelhante ou com assuntos que você terá que lidar.
- As competências do escritório ou pessoais. Pergunte sobre os pontos fortes e fracos.
- A rapidez. Esperar o seu advogado te dar um documento que você não possa nem revisar antes de entrar em uma reunião vai te dar preocupação e muitos problemas.
- Como ele se comunica. Você consegue entender o que ele diz? Você está conseguindo passar suas ideias facilmente?
- A reputação. Tente conversar com alguns clientes. Eles te darão uma noção muito melhor e descreverão os pontos fortes e fracos.
- Faça muitas perguntas. As respostas vão te ajudar a fazer perguntas ainda mais inteligentes e relevantes.

APRENDA E SE PREPARE

Mesmo se você tiver consultoria legal, você deve se preparar. Aprenda o máximo que puder com os empreendedores experientes ao seu redor, aprenda com as instituições na sua região que promovem o empreendedorismo e pequenas empresas e leia. Não preste atenção em lendas urbanas; foque nos fatos.

Quanto mais você souber, mais rápido você trabalhará com seus sócios e advogados, mais certeza você terá que não está deixando passar nada e melhor será a visão geral que você terá. Se você trabalhar mais rápido com seus advogados, geralmente você terá que pagar menos!

Uma das muitas vantagens de gerenciar um espaço de coworking é que terão vários empreendedores entre os seus coworkers. Peça a eles exemplos e conselhos.

Seja esperto com o que você copia e cola dos exemplos de contrato que você consegue: entenda o que querem dizer e mude o nome das empresas e pessoas e as datas.

Tenha certeza de que você sabe os tipos de licença que você precisa ter para abrir e gerenciar o seu espaço, como consegui-las, quão difícil será consegui-las e quanto vai demorar. Apenas ligue para o departamento da sua prefeitura que lida com esses tipos de assuntos.

CONTRATOS E ACORDOS COMUNS DE COWORKING

Os contratos e acordos mais comuns que você provavelmente terá que lidar são:

- **Contrato social:** O que cada um dos fundadores e investidores farão e o que fazer se tiverem problemas. Quem toma as decisões e como elas são tomadas é muito importante. Quando um sócio sai, pode ser fonte de muitos problemas, portanto garanta que o contrato cubra o que acontece em caso de saída, doença ou morte. Se você conseguir um sistema para acabar com disputas e votações empatadas, melhor ainda.

- **Termos e condições:** Este é o seu contrato com os coworkers, seus clientes. Em alguns países, você tem que fazer eles assinarem algum papel, em outros eles são válidos se aceitarem online. Descubra e aja de acordo. Se você aluga espaço para reuniões e eventos, ou se tem alguma fonte significativa de receita, acrescente as condições ao seu site e às suas ofertas (algumas vezes você pode apenas enviar um link para a página do seu site que contém os termos). Acrescente uma cláusula aos termos e condições onde você diz que pode mudá-los conforme a sua vontade.

- **Aluguel:** Duração do contrato, o que você recebe, o que você pode e não pode fazer, o que o dono tem que fazer e o que acontece se ele(a) não fizer, se é permitido fazer obras e reformas, com ou sem permissão, que tipos de taxas mensais você tem que pagar e o que elas cobrem, atrasos de reparos, meses grátis que você conseguiu e quando você começa a pagar etc. Quanto mais saídas você tiver, melhor.

- **Comprando a sua propriedade:** O que você comprou (descrição exata da sua propriedade), sob quais condições, o que acontece com os inquilinos se tiver algum, que tipos de obrigações você tem, o que acontece com qualquer débito que possa estar associado ao imóvel, quem paga os impostos da venda, uma rescisão caso você não consiga o dinheiro em um determinado período, se tem todas as autorizações necessárias etc.

- **Contratação:** Duração do contrato; salário; obrigações; propriedade intelectual; benefícios... Várias coisas você não poderá alterar, pois são definidas por lei. Pegue exemplos trabalhistas de outros empreendedores e empresas que você conhece.

- **Termo de compromisso:** Algo muito difícil que você terá que lidar quando quiser levantar fundos. Geralmente os investidores e bancos têm muita experiência e gostam de fingir que você não pode mudar os termos. Você pode e deve. Pontos a analisar são a sua responsabilidade pessoal (limite a zero, se possível, para que, caso a sua empresa afunde, sua vida e patrimônio não afunde junto); quem recebe o dinheiro e quando; o que acontece em caso de uma aquisição, quem recebe quantas cotas, quando e baseado em que; quem é pago primeiro; quem decide quem é o CEO; como as decisões são tomadas; o que acontece nas rodadas subsequentes de fundos; diluição etc.

- **Propriedade Intelectual (PI):** Proteja a sua marca. A primeira coisa que você deve fazer é ter um bom domínio, o endereço do seu espaço de coworking na internet. Depois considere registrar a marca (®) e quem deve registrar (você ou a sua empresa). Verifique se precisa adicionar algo ao conteúdo que produz para ter certeza de manter os direitos da marca. Na maior parte dos países, você não precisa fazer nada para ter os direitos do seu trabalho, mas guarde todos os documentos que possam provar a data de criação caso você entre em uma disputa (mandar um e-mail a você mesmo com a documentação anexada ou no corpo da mensagem pode ser suficiente).

- **Seguro:** Que tipo de seguro você é obrigado a ter, quais você deve ter, mesmo que não sejam obrigatórios. Entenda o que é coberto pelo seguro e o que não é.

COLOQUE NO PAPEL

Uma coisa que muitas pessoas não sabem e gera alguns problemas é que na maioria dos países qualquer acordo é considerado um contrato, mesmo que não esteja escrito. A dificuldade de provar o que foi acordado é que torna os acordos escritos tão importantes.

O que quer que você decida com os fundadores, escreva e assine enquanto tudo está bem entre vocês (pode ser em uma troca de e-mails ou no papel que todas as partes assinem). Mesmo entre melhores amigos há mal entendidos, discrepância de memórias e mudanças nas prioridades das pessoas. Se você colocar no papel, é algo que pode ser usado como referência.

Ter um advogado rascunhando com você (não para você, com você) significa que você pode ter certeza que o que está descrito é o que você pretendia.

Se você não conseguir um advogado, prepare um documento com exemplos de outras empresas, empreendedores, agências, universidades, livros etc. Leia com seus sócios, assine algumas cópias e tenha certeza de que cada um tenha uma cópia com todas as assinaturas nela. Também digitalize o documento e mantenha em um lugar que você não perca, por precaução. Se você não conseguir ter um documento assinado, tente ter algo escrito, mesmo que seja apenas um e-mail.

Muito do que é discutido e acordado nunca será colocado no papel. Apenas tenha certeza de que todos entenderam a mesma coisa e lembrem-se uns aos outros quando necessário. Conversar é muito mais importante para manter o seu negócio funcionando do que um tribunal. Como empreendedor ou gerente você sempre estará tomando decisões com apenas parte da informação, algumas vezes baseado em sua intuição. Entenda os riscos e tome uma decisão; se der errado, você terá que tomar outras decisões para corrigir.

SIMPLIFIQUE

Quando você colocar as coisas no papel, tente ser o mais simples e claro possível. Sem jargões! Quanto mais complicado for e quanto mais vezes você fizer mudanças, mais farto você ficará e menos você trabalhará na criação da sua empresa. Se você escrever algo extremamente complicado, será difícil de entender, especialmente depois de alguns anos sem consultar.

Lembre-se, mantenha todos os documentos legais o mais curto, simples e direto possíveis. Se todos lerem e entenderem, você terá menos discussão e explicação para dar. Você também pode explicar partes dos termos e condições do seu espaço na seção de perguntas mais frequentes do seu site ou em uma página dedicada.

NÃO DEIXE ISTO TE ATRAPALHAR

Se você não conseguir que tudo esteja perfeito, não se preocupe. Nenhum de nós consegue. Todos temos coisas que devíamos ter feito mas não fizemos e outros nem sequer consideraram. Tente entender as vantagens, desvantagens e riscos; então, tome uma decisão e vá para a próxima coisa a ser feita. Você está gerenciando uma empresa de coworking, não uma escola de direito.

Foque no que é importante também nos aspectos legais. Você não pode roteirizar tudo o que acontece em um relacionamento, existem fatores surpresas e energia e paciência têm limites.

QUE ESTRUTURA SOCIETÁRIA EU DEVO USAR PARA A MINHA EMPRESA?

Uma estrutura empresarial, normalmente na forma de uma companhia limitada (LTDA). Você está construindo um negócio que possa querer vender no futuro, trazer sócios, obter financiamento. Facilite pra você. A quantidade de dinheiro que você tiver que colocar, a estrutura de decisão, quem pode comprar cotas e sob quais condições etc., mudarão dependendo de onde você estiver operando. Consiga consultoria jurídica se puder (tabeliões em alguns países explicarão as diferenças, vantagens e desvantagens de graça).

Algumas pessoas podem criar uma organização sem fins lucrativos ou uma associação, geralmente baseada em duas coisas:

- É mais barato e tem menos formalidades legais.
- Reflete os seus ideais

O primeiro problema que você encontrará é que se você está gerenciando um espaço de coworking, muitos setores do governo irão considerar que você está gerenciando uma operação comercial e você pode ter problemas por ter escolhido uma categoria não lucrativa para um empreendimento comercial.

Ser barato nunca deve ser a base do seu racionício. Valor é. Se é grátis, mas não te oferece nenhum valor, está custando o seu tempo, esforço e dinheiro. Uma associação, ONG ou organização sem fins lucrativos não pode ser vendida; para ser um membro, há regras especiais; a tomada de decisão é mais difícil; e você tem um controle menor sobre ela. Seus ideais podem ser refletidos em uma empresa com fins lucrativos, onde você terá mais agilidade para atingir seus objetivos.

Se você está preocupado com a possibilidade de conseguir subsídios e doações, concentre-se no seu negócio e consiga muitos coworkers!

Por fim, se você deseja seguir com uma estrutura não lucrativa, faça, mas saiba as vantagens e desvantagens no seu país. Qualquer que seja a sua decisão, lembre-se que você precisa de lucro para se sustentar ao longo do tempo, independente da estrutura societária que você escolheu. Você estará desfrutando dos benefícios e sofrendo as inconveniências das suas decisões.

Listas e ajudas

Nesta seção você encontrará listas, questionários e planilhas úteis para te ajudar com o seu trabalho.

Você pode baixar documentos atualizados em: http://coworkinghandbook.com/checklists

Se tiver qualquer coisa que você esteja sentindo falta ou que você gostaria de corrigir ou mudar, me avise via http://coworkinghandbook.com/contact ou por e-mail ramon@coworkinghandbook.com.

MODELO DE PLANILHAS DE INVESTIDORES

Nome	Fundo	Interesse	Tipo de investimento	Quantidade	Confiança	Notas
Primeiro e último nome.	Nome do fundo de investimento. Se é um investidor-anjo particular, escreva "IA".	Em que o investidor está interessado, os tipos de empresa que ele quer investir.	O estágio da empresa onde o investidor gosta de entrar: início, incubador, A, B...	Quanto o investidor está querendo colocar na mesa. Geralmente é um intervalo, como "50 mil a 200 mil".	Eu sei que o investidor é confiável por negociar diretamente com ele, ou valha a pena alguém de confiança que recomenda o investidor? Use S, N ou ? para as respostas.	Qualquer coisa que não esteja nas colunas anteriores e que valha a pena mencionar.

Eu guardo meus contatos em minha própria agenda. Você pode querer adicionar e-mail e telefone, Twitter etc. E acho isso muito trabalho pro que eu preciso fazer, que é achar um investidor que possa estar interessado na empresa que estou apresentando e que esteja alinhado com ela.

MODELO DE PLANILHA DE JORNALISTAS E PESSOAS INFLUENTES

Nome	Veículo	Assuntos	URL	Twitter	E-mail	Telefone	Conhece	Notas
Primeiro e último nome	Nome do veículo para o qual ele escreve.	Sobre o que o jornalista ou influenciador escreve.	Endereço do site do veículo.	Perfil do Twitter preferido de contato. Lista ou influenciador.	E-mail preferido de contato. Eu mantenho mais contatos em minha agenda pessoal.	Número preferido de contato. Eu mantenho mais contatos em minha agenda pessoal.	Você já encontrou esta pessoa? S ou N. Você também pode escrever o lugar onde se encontraram ou N.	Coisas como forma preferida de contato, veículo anterior, outros locais de publicação, onde nos conhecemos etc.

VANTAGENS DO COWORKING

- Crescimento mais rápido da sua empresa
- Expansão da sua rede de contatos pessoal e profissional
- Facilitar apresentações para os gestores do coworking e para os membros
- Encontrar novos clientes e aumentar a receita
- Conhecer talentos e pessoas para trabalhar junto
- Contratar e ser contratado
- Ser mais produtivo
- Não ser distraído por familiares
- Sem tentações da geladeira e TV
- Ser mais motivado a trabalhar pelas pessoas em sua volta trabalhando duro
- Ser mais criativo
- Compartilhar seus projetos e suas ideias com outros membros para ter uma opinião valiosa que melhorará seus projetos
- Balancear melhor a relação vida profissional/pessoal
- Trabalhar em um ambiente profissional (sair da sua casa e do seu pijama)
- Ter uma rotina profissional com seus próprios horários
- Trabalhar por conta própria, mas não sozinho
- Eliminar o isolamento
- Aumentar a autoconfiança
- Ser mais saudável
- Trabalhar mais rápido com uma conexão de internet melhor
- Flexibilidade de contratos e horários
- Reduzir o seu trajeto
- Economizar dinheiro com um serviço com bom custo-benefício
- Se livrar das contas de luz, água, condomínio etc.
- Não ter que lidar com provedores de serviços e reparos

DESVANTAGENS DO COWORKING

- "Eu trabalho melhor de casa."
  - Talvez o Coworking não seja pra você, mas você já pensou que frequentar uma vez por semana pode ser benéfico para você?
  - Quantos contatos você faz em casa?

- "É barulhento."
  - É como qualquer outro escritório.
  - Você pode se concentrar melhor se usar fones de ouvido.
  - Você pode se isolar em uma sala de reunião.
  - Alguns espaços usam barulho de fundo para reduzir distrações
  - Alguns espaços têm salas silenciosas, onde os coworkers se comportam como em uma biblioteca.

- "É muito silencioso."
  - Pode ser que você esteja preocupado em fazer barulho – você não precisa ficar.
  - Se mude para outra sala.
  - Converse com os gestores e veja se eles têm uma sala onde as pessoas possam fazer ligações e conversar entre elas livremente.

- "Tem muitas distrações."
  - Coloque o seu fone de ouvido para reduzir interação com outras pessoas.
  - Se isole em uma sala de reunião.
  - Eduque os seus coworkers em como e quando interagir com você.

- "Estou preocupado com privacidade e confidencialidade."
  - o Você só compartilha o que quer compartilhar.
  - o Consiga uma mesa com a tela virada pra parede e em um canto.
  - o Use um armário para documentos confidenciais.
  - o Se isole em uma sala de reunião para ligações confidenciais.
  - o Reduza o volume da sua voz ao falar no telefone.
  - o Os outros coworkers vieram trabalhar, e não ouvir o que você está falando.

- "Eu não quero compartilhar o meu projeto."
  - o Você não precisa. Você só compartilha o que você quiser, com quem você quiser.

- "Algumas pessoas são muito espaçosas."
  - o Se afaste delas; você pode até ir para uma outra sala.
  - o Peça a elas pra te dar mais espaço.
  - o Converse com o gestor do seu espaço.

- "Eu tenho que pagar."
  - o Você recebe muito valor por pouco dinheiro.
  - o Explique todas as vantagens do coworking.
  - o Se você só se importa com o dinheiro e não com o valor recebido, você não está pronto pro coworking.

- "Eu tenho que me deslocar."
  - o Escolha um espaço perto da sua casa e que você goste.

- "Eu tenho que tomar banho e escovar os dentes."
  - Se você é sujo, ninguém vai querer ficar perto de você.
  - Vai melhorar sua autoconfiança e a imagem que você projeta de si mesmo.

ESTRUTURA BÁSICA DO SITE

Você não precisa de todas essas páginas para começar com o seu site. Comece com uma página simples o mais rápido que puder e com a informação que você tiver. Se você não tem um canal para as pessoas se inscreverem no seu espaço, inclua um formulário simples para conseguir seus e-mails e entrar em contato quando tudo estiver pronto.

Página	Conteúdo
Home	Faça uma introdução do seu espaço, explicando os serviços que você oferece e para quem. Você deve acrescentar fotos do espaço e se possível (mas não é necessário), um vídeo mostrando o espaço.
Preços e inscrições	Apresentação esquemática dos planos oferecidos e itens principais: franquia de horas, horas de trabalho disponíveis, preço, depósito... Adicione um botão para que as pessoas se inscrevam em cada um dos planos. Facilite ao máximo! Você pode validar essas inscrições como quiser (automaticamente, pessoalmente, após pesquisar os perfis online da pessoa...), mas você deve fazer com que seja confiável e fácil para você conseguir a informação. Um simples formulário feito no Google Documents pode ser suficiente. Aproveite a página de confirmação para direcioná-los às suas redes sociais.

Termos e condições	Na maioria dos países, este é o contrato que regula a sua relação com os clientes. Faça com que seja de fácil compreensão e com a linguagem mais simples possível. Se você quer que os seus clientes assinem um contrato escrito para frequentar o seu espaço, cite isto nos termos e condições e também no site onde eles se inscrevem (pode ser uma linha de texto no formulário) e no e-mail que eles recebem para confirmar a inscrição.
Inscrição para visitas e diárias gratuitas	A maioria dos espaços oferece uma diária gratuita para os interessados. Se você não oferece estas diárias, provavelmente faz visitas agendadas. É importante fazer com que os potenciais clientes se inscrevam para a visita na data proposta. Você precisa ter ao menos o e-mail, primeiro e último nome deles e, se possível, número de telefone, caso precise entrar em contato de última hora. Quando as pessoas se inscrevem, eles se comprometem mais e as chances delas irem são maiores. Você também terá as informações delas para entrar em contato no futuro.
Coworkers	No início, você não terá nenhum coworker para adicionar, mas é muito importante para o sucesso do seu espaço mostrar rostos sorridentes dos seus coworkers; fornece uma prova social e um olhar melhor da sua comunidade. Acrescente sua equipe aqui e também alguns amigos e pessoas influentes que você transformou em membros VIPs (com o consentimento deles).
Eventos	Se você realiza eventos no seu espaço, você deve incluí-los aqui. Você pode criar e inserir um calendário para facilitar que as pessoas saibam o que está acontecendo, quando irão acontecer novos eventos e para que elas possam se inscrever de acordo com as suas agendas pessoais. Se você aluga espaço para eventos, mostre fotos, forneça as dimensões, condições de reserva etc. Inclua um formulário para que entrem em contato com você informando as necessidades dos clientes (tamanho da sala, lugares disponíveis, configurações etc.).

Fotos	Adicione muitas e diferentes fotos do espaço. Você não precisa ter fotos profissionais, mas ajuda e não é tão caro. Muitos de nós começamos apenas com fotos dos nossos smartphones e continuamos usando-as. A qualidade dos smartphones atuais é mais do que o suficiente. O que você não pode comprar é o olhar artístico do fotógrafo, mas você também não precisa produzir a próxima obra de arte.
Blog	O blog é a principal fonte de notícias sobre o seu espaço e as coisas incríveis que estão rolando nele.
Ajuda	Facilite para os clientes potenciais e membros conseguirem ajuda rapidamente e você terá mais inscrições. Você pode direcioná-los para o formulário de contato, informar o seu número de telefone, e-mail etc. Você também pode utilizar uma página de perguntas mais frequentes para as questões mais comuns, o que poupará tempo para você e para eles.
Contato	Adicione um formulário de contato (se você quiser colocar o seu e-mail, coloque como uma imagem para dificultar que enviem spam), seu endereço, telefone, e-mail, um mapa para localizarem o seu espaço e instruções de como chegar. Você também pode incluir um kit para a imprensa aqui. Ele deve conter uma descrição breve (e engajante) dos seus serviços e espaço, informações de contato e fotos de você e do seu espaço para ser usado por jornalistas e blogueiros em suas publicações.

Pesquise os sites de outros espaços para inspiração e melhores práticas. Você pode começar com o meu próprio: http://betaco-work.com

ESCOLHENDO UMA NOVA LOCALIZAÇÃO

☐ É grande o suficiente para você fazer o que quer fazer?

☐ Qual é o preço do imóvel? Você deve fazer uma oferta por um preço menor (pode ser uma redução do valor ou alguns meses grátis de aluguel).

☐ Este preço inclui taxas?

☐ O preço é por semana, mês ou ano?

☐ Quais são as taxas?

☐ Energia elétrica, água e refrigeração ambiente estão incluídas nas taxas?

☐ O que as taxas cobrem exatamente?

☐ Some o aluguel, taxas e impostos para descobrir o valor real de aluguel. Se você conseguir aluguel grátis por um tempo, provavelmente terá que pagar as taxas e impostos.

☐ Os proprietários concordam com o que você quer fazer?

☐ Quem mais está alugando no prédio?

☐ Se eles saírem, você pode alugar o espaço deles?

☐ Peça as plantas do espaço, de preferência em formato CAD.

☐ Como o espaço é dividido atualmente?

☐ Como os clientes vão acessar as diferentes áreas e circular pelo espaço?

☐ O que você pode derrubar?

☐ O que você pode construir?

☐ Os proprietários vão arcar com parte da reforma?

☐ Qual é o período de concessão?

☐ Que tipos de autorizações o espaço tem? Tem alguma limitação?

☐ Quem era o inquilino anterior? Peça os contatos para saber mais sobre o imóvel e o proprietário.

☐ Como é a vizinhança?

- ☐ O espaço é acessível para pessoas com deficiência? Você pode deixá-lo com acessibilidade?
- ☐ Existem pessoas suficientes na região para encher o seu espaço ou as pessoas terão que vir de outras partes da cidade?
- ☐ Essas regiões são muito longe ou têm um deslocamento confortável?
- ☐ As clientes mulheres vão se sentir seguras ao sair do seu espaço à noite?
- ☐ É fácil chegar no seu espaço?
- ☐ Há transporte público perto do seu espaço? Pra onde vai?
- ☐ Existe estacionamento disponível para alugar e na rua?
- ☐ Os ciclistas podem deixar suas bicicletas em um local seguro?
- ☐ Qual é a sua sensação ao entrar no local? Confie na sua intuição.
- ☐ Você terá muito trabalho para reformar o espaço?
- ☐ Verifique a luz natural. A orientação das janelas, prédios ao redor e época do ano afetam a quantidade de luz disponível. Luz do sol direta pode aumentar o calor e causar alguns problemas (você pode resolver com cortinas).
- ☐ Confira o barulho e vibrações vindas de outros andares, da rua, do subsolo...
- ☐ Verifique o barulho interno dos materiais e máquinas. Um espaço vazio sempre tem eco, não se preocupe. As salas de reunião e de eventos estão isoladas do barulho externo? Você pode ouvir o que as pessoas estão conversando nestas salas?
- ☐ Ar condicionado e aquecimento: sistemas usados, idade, custos e consumo médio. Alguns sistemas antigos são bem barulhentos e pobres no desempenho.

☐ Como as áreas com ar condicionado e aquecimento são controladas e como são divididas no espaço? Isto é particularmente importante se você pensa em fazer obra no espaço. Você pode acabar tendo uma sala com os controles de temperatura e nenhuma máquina, enquanto outra tem as máquinas, mas nenhum controle.

☐ Tem alguma área sem ar condicionado ou aquecimento?

☐ Como o ar fresco entra? Janelas, ar condicionado...

☐ Verifique as áreas com eletricidade.

☐ Que tipo de chão e teto o espaço tem?

☐ Como você vai distribuir a eletricidade e os cabos Ethernet?

☐ Onde você vai colocar as tomadas? Há saídas no chão?

☐ Existe alguma limitação das empresas que você contratará para ter acesso à internet? Como a internet chega da rua para o seu prédio e para a sua sala?

☐ Há banheiros suficientes para homens e mulheres (coworkers e convidados de eventos)? Onde eles estão localizados?

☐ Como você vai levar os móveis para dentro do espaço?

☐ Tem elevador?

☐ Animais são permitidos?

☐ Como as pessoas tem acesso ao prédio e ao seu espaço?

☐ Existe algum limite de horário para acessar o prédio e o seu espaço?

☐ Quem gerencia a segurança? Você pode contratar a sua própria empresa de segurança?

☐ Se há algum crachá para entrar no prédio, quem gerencia o sistema e distribui os crachás? Você pode pegar uma quantidade de crachás antecipadamente e distribuir você mesmo (você terá que ter um registro)?

☐ Há problemas de segurança no seu prédio?

☐ O prédio é segurado? Qual é a seguradora?

☐ Qual é a frequência de limpeza das áreas comuns, janelas e parte externa do prédio?

☐ Quem você deve contatar para fazer uma oferta?

ESCOLHENDO UM ADVOGADO

Você deve avaliar os advogados que trabalham com você. Conheça-os antes e converse sobre o que você quer fazer. Geralmente a primeira reunião é grátis. Você deve analisar:

☐ A primeira reunião é gratuita?

☐ O que eu posso esperar dessa reunião?

☐ Como eu devo me preparar para a reunião?

☐ Quais são as competências do seu escritório? Qual é a sua especialidade?

☐ Você tem experiência trabalhando em ramos ou áreas de atuação semelhantes?

☐ Quais são as empresas ou clientes com os quais você já trabalhou?

☐ Eu posso conversar com algum deles?

☐ Se não, com quem eu posso falar para recomendar você?

☐ Qual será o fluxo de trabalho?

☐ Quanto vai demorar para você responder os meus e-mails?

☐ O que vai acontecer quando você não respeitar um prazo?

☐ Como vamos nos comunicar? E-mail, telefone...?

☐ Quais são os seus honorários?

☐ Você tem uma oferta especial para quem está começando, como eu?

☐ Como os pagamentos são feitos? Quando eu vou receber as contas?

Escreva as perguntas que você gostaria de fazer para o advogado para ter certeza que você não esquecerá. Faça muitas perguntas. As respostas vão te ajudar a fazer perguntas ainda mais inteligentes e relevantes.

É importante que você entenda seus advogados, incluindo a forma que eles escrevem e falam. Você não deve trabalhar com eles se existir um problema de comunicação.

CONTRATO DE ALUGUEL

Tenha isso em mente quando negociar seu próximo contrato de aluguel e discutir com seu advogado.

- ☐ Duração
- ☐ Como o contrato é renovado, se você precisa fazer alguma coisa, se o proprietário pode se opor, o que acontece com o preço quando você renova...?
- ☐ Como o contrato pode ser rompido?
- ☐ Você pode reformar o espaço, mudar o interior e exterior, fazer melhorias sem a autorização do proprietário?
- ☐ Se você precisar de autorização para construir, tenha certeza que o síndico não será contrário à sua obra sem um motivo válido.
- ☐ Fique longe de cláusulas que te forcem a devolver o imóvel ao fim do contrato *nas mesmas condições*. Você teria que remover todas as melhorias e mudanças que fez.
- ☐ Se você não conseguir se livrar da cláusula "nas mesmas condições", inclua outra cláusula que diga que se o novo locatário/proprietário aceitar receber o imóvel como estiver, você não precisa fazer nenhuma obra.

- ☐ Esboce suas atividades no contrato, para que o proprietário/síndico não possa reclamar delas mais tarde. Faça uma lista não exclusiva, para deixar a porta aberta para outras atividades e outras formas de fazer as atividades que você descrever.
- ☐ Inclua uma cláusula que te permita sublocar o espaço sem uma negociação extra com o proprietário.
- ☐ Descreva quais taxas você deve pagar e quais o proprietário deve pagar.
- ☐ Qual serviço de manutenção é pago e por quem?
- ☐ Mantenha uma opção prioritária para alugar qualquer espaço que fique disponível no prédio.
- ☐ Renovação do aluguel. Faça de forma que o proprietário não possa se opor e de forma automática se você não cancelar.
- ☐ Limite o reajuste de preços (de acordo com a legislação local). Você pode fazer isto calculando o IPC (Índice de Preços para o Consumidor) ou o IPV (Índice de Preços do Varejo) do ano anterior.
- ☐ Inclua no contrato se há alguma obra de grande porte a ser feita pelo proprietário e o que acontece com as diferentes limitações que a sua empresa pode sofrer. Você pode conseguir aluguel de graça, outro espaço no prédio, acesso garantido...
- ☐ Quais as leis se aplicam e em qual jurisdição (escolha a da sua cidade)?

Se você tem um advogado ou tabelião, compartilhe a lista e peça para que ele veja o que está faltando.

Me avise posteriormente para que eu possa aumentar esta lista: http://coworkinghandbook.com/checklists

PONTOS A SE CONSIDERAR QUANDO ESTIVER PROJETANDO ESPAÇO

☐ Tamanho, forma e distribuição da planta: onde localizar o espaço aberto, salas de reunião e de eventos, cafeteria, banheiros, depósito, distribuição de internet etc.

☐ Se você quer ter uma configuração fixa ou flexível do espaço.

☐ Luz (natural e iluminação), barulho, eco e como eles são afetados pelos diferentes materiais.

☐ Interação do usuário: áreas comuns, espaço de trabalho compartilhado, isolamento... Como promover e reduzir interações significativas.

☐ Temperatura: aquecimento e ar condicionado. Varia muito de acordo com os materiais e ano de construção.

☐ Acesso e tráfego dentro do espaço (como e por onde os membros e convidados chegam e que tipo de incômodo pode gerar para as outras pessoas em diferentes áreas).

☐ Móveis (materiais, formato, cor...) e como armazená-los se você tiver que movê-los para um evento.

☐ Pontos elétricos e de rede: no chão, pendurados do teto, cabeados...

☐ Segurança: portas, fechaduras, câmeras...

☐ Você tem banheiros suficientes para ambos os sexos?

☐ Se você estiver planejando ter uma cafeteria, terá que pensar em como obter água, gás, aquecimento e lixo.

☐ Conformidade com a legislação local: saídas, riscos de incêndio, quantidade máxima de pessoas que podem estar no local ao mesmo tempo...

☐ Você pode conseguir as autorizações para o que você quer? Quanto tempo vai levar? Qual é a probabilidade de conseguir essas autorizações? O que você deve fazer para consegui-las?

É sempre bom ver outros espaços para inspiração. Eles não têm que ser os únicos espaços de coworking. Você pode encontrar fotos e links para ajudar a sua imaginação em http://coworkinghandbook.com/coworking-space-design-inspiration

EVENTOS

Antes do evento

- [ ] Qual é o seu objetivo ou propósito do evento?
- [ ] Qual é o público do evento?
- [ ] Como você alcança este público?
- [ ] Qual conteúdo é interessante para este público? Consiga palestrantes para entregar este conteúdo.
- [ ] Decida qual será a estrutura do evento, configuração da sala, material necessário, bebidas e petiscos etc.
- [ ] Encontre um local para a data e hora desejada; veja os preços, limpeza, segurança...
- [ ] O evento é gratuito ou pago?
- [ ] Monte um formulário de inscrição online pedindo ao menos nome e e-mail.
- [ ] Compartilhe o evento nas mídias sociais, no seu blog, por e-mail, em fóruns e grupos online de pessoas interessadas etc.
- [ ] Promova o evento diariamente para conseguir que as pessoas se inscrevam para comparecer.
- [ ] Se os ingressos estiverem acabando, anuncie, eles se esgotarão ainda mais rápido.
- [ ] Se você vender ingressos, utilize preços reduzidos para quem comprar antes, para encorajar as primeiras inscrições.
- [ ] Envie um lembrete para os inscritos um ou dois dias antes do evento. Peça que eles divulguem.

Durante o evento

☐ Encontre alguém para te ajudar e dividir o trabalho.

☐ Chegue cedo para verificar que tudo está correto e arrume o que for preciso: projetor, conexão de internet, microfone e mesa de áudio, configuração da sala, buffet...

☐ Introduza o evento, agradeça aos participantes e organizadores, fale um pouco sobre o seu espaço ou ideia. Se alguém fizer a introdução, peça que fale sobre o seu espaço.

☐ Se puder, grave o evento. Descarte streaming ao vivo (mais uma razão para ir ao evento).

☐ Comunique nas mídias sociais com imagens, frases, pessoas comparecendo... Tudo que possa ser interessante.

Após o evento

☐ Escreva uma publicação no blog sobre o evento usando os vídeos e fotos que você tem. Compartilhe nas mídias sociais.

☐ Envie uma pesquisa de satisfação para quem compareceu (você pode anunciar os próximos eventos e adicionar um link para a publicação na página de confirmação de inscrição).

☐ Agradeça aos palestrantes por e-mail e envie a publicação.

☐ Guarde a lista de e-mails dos inscritos.

☐ Pague as contas.

QUESTÕES PARA CONTRATAÇÃO E ESTAGIÁRIOS

☐ Primeiro e último nome.

☐ E-mail.

☐ Telefone.

- ☐ Link para o currículo (pode ser do LinkedIn, download direto ou qualquer outra coisa, mas online).
- ☐ Quando você quer começar?
- ☐ Por quanto tempo você quer trabalhar com a gente?
- ☐ Quantas horas por semana?
- ☐ O que você quer fazer enquanto trabalha com a gente?
- ☐ O que você quer aprender ao trabalhar com a gente e como podemos ajudá-lo a chegar onde você deseja estar no futuro?
- ☐ Como você quer que a sua carreira se desenvolva?
- ☐ O que você pode fazer por nós? O que podemos fazer por você?
- ☐ Porque devemos te escolher?
- ☐ Uma coisa da qual você tenha orgulho.
- ☐ Aptidão para a descrição do trabalho. Exemplos do passado.
- ☐ Um desafio que você teve, as ações que você realizou e o resultado.
- ☐ Em quais idiomas você pode trabalhar?
- ☐ Teste as habilidades escritas e orais se eles forem fazer algum trabalho de comunicação ou marketing.
- ☐ Entreviste-os e consiga referências que você possa contatar (eles não terão se for primeiro emprego). Verifique as referências.

Se a sua intuição diz não, É NÃO.

Dependendo da legislação do teu país, você pode precisar ter um contrato com a escola do seu estagiário ou você pode ter apenas que fazer um contrato entre você e a outra parte. Sempre verifique a lei para entender quais são as suas responsabilidades, se você tem que pagar, quanto você pode pagar, o tipo de trabalho que você pode exigir, se você tem que pagar algum seguro para o estagiário.

PESQUISAS

Pesquisa de saída

- ☐ Porque você saiu?
- ☐ Você nos indicaria?
- ☐ Quais foram os benefícios de trabalhar com a gente?
- ☐ Deixe o seu e-mail se quiser que entremos em contato.

Pesquisa de diária gratuita

- ☐ A diária gratuita preencheu as suas expectativas? Você está satisfeito com o seu dia?
- ☐ Você nos indicaria?
- ☐ Você está satisfeito com a nossa equipe?
- ☐ Você está satisfeito com o espaço e mobiliário?
- ☐ A conexão de internet estava boa?
- ☐ O que estava faltando na sua visita?
- ☐ Deixe o seu e-mail se quiser que entremos em contato.
- ☐ Inclua um link e texto para ele se tornar cliente.

Pesquisa com membros

- ☐ Como você soube da gente?
- ☐ Você nos indicaria?
- ☐ O que você mais gosta?
- ☐ O que devemos melhorar?
- ☐ Você está satisfeito com a nossa equipe?
- ☐ Você está satisfeito com o espaço e mobiliário?
- ☐ A conexão de internet é boa?
- ☐ Deixe o seu e-mail se quiser que entremos em contato.

Pesquisa de eventos

- ☐ Avalie o evento.
- ☐ Avalie o palestrante.
- ☐ Avalie o local.
- ☐ Você nos indicaria?
- ☐ Que evento você gostaria que organizássemos?
- ☐ Deixe o seu e-mail se quiser que entremos em contato.

Você não precisa fazer todas as perguntas e pode fazer outras perguntas. Se você fizer muitas perguntas, menos pessoas responderão. Marque questões como obrigatórias de acordo com o que mais importa para você. A pergunta "Você nos indicaria?" é muito importante.

Em todos os formulários, acrescente um campo de texto "Outros". Tenha certeza de que eles possam deixar comentários para diferentes questões e/ou como uma resposta separada.

Estes questionários são geralmente anônimos (por isso você vê a pergunta sobre deixar o e-mail). É frustrante algumas vezes não poder se aprofundar para consertar os problemas.

Epílogo

Eu espero que ao ler este livro você tenha aprendido o suficiente para ajudá-lo a abrir e gerenciar um espaço de coworking de sucesso. A parte mais díficil e interessante é a implementação dos diferentes passos e estratégias necessários. Vá em frente e faça!

Continue aprendendo com sua própria experiência e com as experiências dos outros, online e nos diferentes encontros e conferências de coworking. Compartilhe o que você está aprendendo e ajude os outros. Os melhores locais para começar são o Grupo do Google "Coworking"[98] e o Coworking Wiki[99].

Acima de tudo, aproveite a jornada com todos os seus altos e baixos. :)

Se você tiver perguntas ou gostaria de me contratar como consultor para ajudá-lo com o seu projeto, você pode entrar em contato via Twitter em http://twitter.com/cohandbook e http://twitter.com/ramonsuarez, via site do Coworking Handbook http://coworkinghandbook.com/contact, via LinkedIn http://www.linkedin.com/in/ramonsuarez, ou por e-mail em ramon@coworkinghandbook.com.

Informações atualizadas serão publicadas no site do livro e no blog: http://coworkinghandbook.com.

Estou ansioso para te ver tendo sucesso e para te dar as boas vindas à comunidade do coworking.

---

98. Os arquivos e novas questões são uma grande fonte de informação e ajuda: https://groups.google.com/forum/#!forum/coworking
99. Adicione o seu espaço no Coworking Wiki: http://wiki.coworking.org. É aberto a todos, você só precisa se inscrever para poder acrescentar o seu espaço. E agora que você está nele, acrescente o seu espaço ao Coworking Visa também: http://wiki.coworking.org/w/page/16583744/CoworkingVisa

www.ingramcontent.com/pod-product-compliance
Lightning Source LLC
Chambersburg PA
CBHW061219220326
41599CB00025B/4696